Adrienne Friedlaender
ICH HABE JETZT GENAU
DAS RICHTIGE ALTER

Muss nur noch rauskriegen, wofür

Autorin

Adrienne Friedlaender, Jahrgang 1962, ist freie Journalistin. Seit mehr als zehn Jahren schreibt sie Porträts, Kurzgeschichten, Interviews und Reisereportagen aus aller Welt für Tageszeitungen, Magazine und Online-Medien. 2017 erschien ihr erstes Buch »Willkommen bei den Friedlaenders!«, mit dem sie die SPIEGEL-Bestsellerliste eroberte. Adrienne Friedlaender lebt mit zwei ihrer vier Söhne in Hamburg.

Von Adrienne Friedlaender bereits erschienen

Willkommen bei den Friedlaenders! Meine Familie, ein Flüchtling und kein Plan

Besuchen Sie uns auch auf www.facebook.com/blanvalet und www.twitter.com/BlanvaletVerlag

ADRIENNE FRIEDLAENDER

Ich habe jetzt genau DAS RICHTIGE ALTER

Muss nur noch rauskriegen, wofür

blanvalet

Verlagsgruppe Random House FSC® N001967

2. Auflage
© 2019 by Blanvalet in der Verlagsgruppe Random House GmbH,
Neumarkter Straße 28, 81673 München
Redaktion: Angela Kuepper
Umschlaggestaltung: semper smile, München
Umschlagmotive: © Paladin12/Shutterstock.com; iStock.com/SolodkayaMari
WR · Herstellung: sam
Satz: GGP Media GmbH, Pößneck
Druck und Bindung: Friedrich Pustet, Regensburg
Printed in Germany
ISBN 978-3-7645-0684-1

www.blanvalet.de

»Eine ruhige See hat noch keinen
guten Seemann hervorgebracht.«

Dieses Buch ist allen Frauen gewidmet, die gern lachen.
Das hilft nämlich wirklich, wenn sich das Leben
da draußen mal wieder unberechenbar, wild und
störrisch präsentiert.

Inhalt

II

I

Zurück auf Start
und mit Volldampf voraus

Ich, zweimal geschieden, vier Söhne, auf dem Weg
zu einem Blind Date mit Paul vom Liebesportal.
Was tue ich da eigentlich?

Schon von Weitem entdecke ich den Mann, der mit suchendem Blick am Schiffsanleger in Blankenese steht. »Kleine Frau, großer Hund«, so hatte ich mich beschrieben. Seine Erkennungszeichen: schwarze Lederjacke und grau melierte Haare. Während einige Leute, Kinder oder Vierbeiner an diesem Sonntagmorgen am Elbstrand im Sand buddeln, spaziere ich allein einem weiteren Blind Date entgegen.

Ich bin fünfundfünfzig Jahre alt, habe vier Söhne, die vermutlich allesamt gerade mit ihren Vätern frühstücken. Wie bin ich hierhergekommen? Und wo, um Himmels willen, soll das noch hinführen? Irgendwie scheint es mir so, als wäre ich im falschen Drehbuch gelandet. Jedenfalls hatte ich mein Leben mal ganz anders geplant.

Mit sechs Jahren war ich zum ersten Mal verliebt. Und zwar in »Little Joe«, den jüngsten Sohn der Cartwright-Brüder aus meiner Lieblingsfernsehserie Bonanza. Ich hatte lange blonde Haare, konnte reiten wie der Teufel und war heiratswillig. Was brauchte es mehr für die Liebe und Familiengründung? Monatelang hielt Joes Lasso mein Herz fest umschlungen, bis ich begriff, dass er mich auf der anderen Seite des Bildschirms nicht sehen konnte und es daher wohl nix werden würde mit einem Leben auf der Ranch. Diese Erkenntnis hat mich damals ganz schön aus der Bahn geworfen.

Dennoch zweifelte ich auch in den nächsten Jahren keine Sekunde daran, dass Liebe, Heirat und Familie das Glücksrezept im Frauenleben sind. Ich träumte von einem attraktiven Ehemann, zwei braven Töchtern, die leise summend die Teppichfransen kämmen, und von Liebesglück, »bis dass der Tod euch scheidet«.

Ich war felsenfest davon überzeugt, dass spätestens mit dreißig Liebeswahnsinn und Wirrungen ein Ende nähmen und ich die Erleuchtung hätte, für welches Berufsheil ich die Schule geschmissen hatte und wofür das Herumgeknutsche mit Hardrock-Holger und Body-Builder Benno gut gewesen war. Und jenseits der fünfzig? Da wäre ich dauergelassen, seit mindestens zwanzig Jahren extrem harmonisch verheiratet und sehr lebensklug. Ich würde kein Laufband mehr betreten und niemals mehr Diät machen müssen, weil mein Mann mich sowieso immer genau so lieben würde, wie ich gerade wäre.

Das Leben muss sich ganz schön über meine Pläne amüsiert haben: Statt zwei ruhigen Mädchen bekam ich vier wilde Jungs, die mit Bananen bewaffnet das Haus zur Kriegszone erklärten. Und statt der einen großen, lebenslangen Liebe wurden es zwei deutlich kürzere. Mit fünfundfünfzig bin ich noch immer oder schon wieder auf der Suche nach der großen Liebe, wische mir die Finger wund auf Dating Apps, verabrede mich zu Blind Dates, habe Flausen im Kopf, Hummeln im Hintern und Schmetterlinge im Bauch.

Neulich habe ich irgendwo gelesen, Frauen ab fünfzig seien laut einer Studie die am wenigsten aktive Bevölkerungsgruppe weltweit. Da fragt man sich doch, wer solche Studien in Auftrag gegeben hat. Hey, Frauen! Wäre das nicht mal ein Thema für eine Facebook-Umfrage? Nach meinem Gefühl sind es doch eher die Männer, die in diesem Alter mit mulmigem Gefühl dem Ende ihrer Karriere entgegenblicken und Bauch ansetzen. Wohingegen wir Frauen oft erst jetzt die Chance bekommen, noch mal richtig Gas zu geben und zu neuen Ufern aufzubrechen, nachdem wir zehn oder fünfzehn Jahre durch Kinder und Familie beruflich ausgebremst wurden …

Also, die hätten mich mal fragen sollen. Das Einzige, was sich bei mir in den letzten Jahren verlangsamt hat, ist mein Stoffwechsel. Deshalb schwöre ich im Moment auf Low-Carb-Ernährung, die perfekt für Frauen in den Wechseljahren sein soll. Oder versuche mich am Intervallfasten.

Aber jetzt mal der Reihe nach: Wie ist es eigentlich dazu gekommen, dass mein Leben sich völlig anders entwickelt hat als erwartet? Woran bin ich gescheitert? Und wie habe ich den ganzen Wahnsinn überhaupt überlebt – die Erfahrung, dass man Geburtswehen eben doch nicht einfach wegatmen kann, die Scheidungen, die Schuldgefühle, das zähneknirschende Abgeben meiner Kinder in fremde Frauenhände, die Einsamkeit der freien Wochenenden und die vielen Liter Weißwein als Seelentröster, die zig skurrilen Dates, meinen Ex und seine Neue, meinen Neuen und seine Ex, Sex jenseits der Taufrische und mit Kids, die von alledem am besten nix mitkriegen sollen … Nicht zu vergessen die wirklich elementaren Fragen: Wie viele Frösche muss ich küssen, bis ich den Richtigen finde, und gibt es überhaupt einen Richtigen? Was haben Gorillas und Eisbären gemeinsam? Was passiert in einem Flirtkurs? Machen Schönheitsoperationen wirklich schön? Mit welchen Waffen bin ich dem Leben begegnet, wenn wieder mal alles ganz anders kam? Und: Warum geht es mir heute so gut?

Wenn einen das Leben immer wieder zurück auf Start statt auf Los schubst, dann ist es zum Weinen, Toben, Haareraufen, auch mal zum Hinschmeißen, oder? Aber wollen wir deshalb aufgeben? Ein paar Tage oder Wochen sind in Ordnung, um Wunden zu lecken, um uns neu zu orientieren und zu schauen: Wer bin ich jetzt, was will ich weiter in meinem Leben haben und was auf keinen Fall? Und dann? Wir haben doch nur dieses eine Leben. Und deshalb heißt es irgendwann wieder: mit Vollgas voraus. Denn eins ist schon mal klar: Jetzt ist genau der richtige Zeitpunkt. Ich muss nur noch rausbekommen, wofür …

2

Auf die Männer, fertig, los! – Vom Ende der Enthaltsamkeit und vom positiven Umgang mit bissigen Bullterriern

Wie überleben wir Frauen eigentlich in dem Wissen, dass es Männer gibt wie W., die Sachen schreiben à la: »Ich bin 43 Jahre alt, Klempner und im vollen Besitz meiner Potenz. In meiner Freizeit jage ich nicht ausschließlich Großwild (ha, ha), sondern auch kleine süße Hauskatzen«?

»Körperkontakt habe ich nur noch beim Securitycheck am Flughafen«, erzählte mir neulich meine Freundin Friederike. »Aber einen neuen Mann suchen? Dazu fehlt mir der Mut. Ich lerne ja doch immer nur die falschen Typen kennen.«

»Denk mal positiv«, lockte ich sie auf neue Denkpfade. »Als absoluter Hundefan würdest du doch auch nicht gleich ganz auf einen Hund verzichten, nur weil der letzte Bullterrier nach dir geschnappt hat? Achte beim nächsten Mal einfach ein bisschen mehr auf das passende Exemplar. Warum hast du bisher die gutmütigen Retriever, vergnügten Mopse oder gemütlichen Bassets übersehen?«

Friederike guckte mich an, als hätte ich nicht mehr alle

Hunde im Zwinger. Musste ich meine Theorie noch besser auf den Punkt bringen, damit sie mich verstand?

»Stell dir doch lieber mal vor, wie lustig dein Leben mit einem fröhlichen Pudel wäre, statt immer vor Augen zu haben, wie du mit dem nächsten Aggro-Vierbeiner umgehst.«

Friederike lächelte nur dünn über meine weisen Erkenntnisse. »Wenn das so einfach wär' …«

»Von einfach hat ja keiner gesprochen!«, schnaubte ich. Einfach war es auch nicht gewesen, letzten Dienstag den mörderisch anstrengenden IRON-SYSTEM-Kurs durchzustehen oder die passenden Stiefeletten für meine neue Lieblingshose zu finden oder meine Kinder auf die Welt zu bringen – hat aber alles geklappt.

Körperkontakt nur beim Securitycheck … Ich püriere mir doch auch nicht die Mohrrüben zur Suppe, wenn mir später die Zähne ausfallen, sondern besorg mir ein hübsches Gebiss, und weiter geht's. Wenn für mich eines feststeht, dann ist es der Entschluss, nicht wie Friederike zu enden.

Aber Friederike war bei Weitem nicht die Einzige in meinem Umfeld, die das Thema Liebesglück eher pessimistisch betrachtete. Auch bei meinem Freitags-Frauenabend stand immer mal wieder das Thema Männersuche auf der Agenda.

»Und wenn er auch nicht treu ist? Oder trinkt? Oder jedes Wochenende nur Golf spielt? Oder weiße Socken in Sandalen trägt oder Übergewicht hat? Oder unsportlich ist, sich abends nicht die Zähne putzt, anstrengende Kinder hat oder eine zickige Exfrau?«, trug beim letzten Treffen Ada ihre Sorgen vor. Währenddessen überlegte ich, wie es wohl wäre, wenn wir dieses Verhalten auf unseren Alltag übertragen würden. Morgens beim Bäcker hieße es dann vielleicht: »Ich will kein Croissant, und bitte packen Sie mir keinesfalls ein Rosinenmürbchen ein. Ich mag weder Dinkel- noch Roggenbrötchen, und wenn Sie mir jetzt noch eins mit Sonnenblumenkernen anbieten, komme ich nie wieder!« Lustig wäre es auch im Restaurant: Ich würde den Kellner vom Eisbein bis zu Froschschenkeln und Schnecken mit der Aufzählung bombardieren, was ich alles nicht mag, bevor er überhaupt nur Gelegenheit hätte, mir seine Spezialitäten des Tages zu präsentieren.

Zurück zum Frauenabend. Zwischen Pasta und Prosecco prasselten weiter unerwünschte Männer-Attribute wie bei einem Hamburger Sturzregen nieder. Das Worte-Unwetter endete mit der Schlussfolgerung, dass es besser sei, Männer aufgrund ihrer ohnehin unvermeidlich ans Licht kommenden Unzulänglichkeiten schon prophylaktisch zu meiden.

Oder steckte hinter der Aufzählung negativer Attribute insgeheim und unbewusst vielleicht eine riesige Angst? Denn welche Noch- oder Wieder-Single-Frau hat keine bunte Mischung schlechter Erfahrungen im Rucksack: die Angst, sich erneut auf einen Partner einzulassen und ihn wieder zu verlieren, betrogen oder getäuscht zu werden, sich Streit oder Lieblosigkeit auszusetzen, alte Wunden aufzureißen. Das Gefühl kannte ich ja auch. Aber ist das Verharren in einer ungeliebten Situation, das Es-aus-Angst-lieber-Lassen denn nicht schlimmer, als Neues zu wagen mit dem Risiko, enttäuscht zu werden, aber auch mit der Chance auf Glück?

Wie sagt meine Mutter immer: »Ein Nein haste sicher, ein Ja kannste kriegen.« Oder: »Wer nicht sagt, was er will, bekommt nicht das, was er möchte.«

Klar kostet es Mut und Kraft, sich immer wieder hinauszuwagen aus der sicheren Schutzhülle. Und es gibt Zeiten, da brauchen wir unsere Kraft für andere Herausforderungen. Aber schützt es uns wirklich vor Enttäuschung und Schmerz, wenn wir die Suche nach einem Partner aufgeben? Sind wir am Ende dann nicht einfach nur anders enttäuscht? Tut das nicht auch weh? Ich habe mal gehört, am meisten bereuen Menschen am Lebensende die Dinge, die sie nicht getan oder gewagt haben.

Vor einer Weile besuchte ich meine zweiundneunzigjährige Mutter und erzählte ihr von meinem Wunsch nach einem neuen Mann in meinem Leben. Zu meiner Überraschung war sie ganz begeistert von der Idee. Ich hingegen hatte ihre Worte von damals, nach meiner ersten Trennung, noch genau im Ohr: »Du solltest dich jetzt ausschließlich auf deine Kinder konzentrieren. Eine Frau Ende dreißig mit zwei Kindern – na ja, die ist nicht mehr so leicht vermittelbar.«

Mehr als fünfzehn Jahre später schienen ihr weder das fortgeschrittene Alter ihrer Tochter noch die doppelte Anzahl der Kinder ein Problem bei der Partnersuche zu sein. »Du bist doch sooo jung und hübsch, mein Mädchen.«

Mir schien, dass sie nicht nur unter Glucken-Verblendung litt à la »Die eigenen Küken sind immer die schönsten«, sondern sich auch ihre Wahrnehmung meines Alters sonderbar entwickelte, sozusagen proportional zu ihrem Alter. »So jung bin ich nun wirklich nicht mehr«, setzte ich zaghaft an. »Und mit Mitte dreißig hast du mich noch für schwer vermittelbar gehal…«

Sofort fuhr meine Mutter mir über den Mund: »Papperlapapp. Mit Mitte fünfzig war ich auch gerade erst geschieden, lernte aber kurz danach Wotan kennen. Du erinnerst dich?« Bei dem Gedanken an den stattlichen, zwei Meter großen blonden Mann lächelte sie beseelt. »Und als das dann doch nicht klappte, traf ich ein paar Jahre später Max und heiratete, als ich längst sechzig war. Da war ich noch jung! Aber Männer findet man sowieso bis an sein Lebensende.«

»Ach?«, war alles, was ich in diesem Moment rausbrachte.

Meine Mutter nickte wild. »Das Schlimmste ist, dass die meisten Frauen nach einer Trennung nicht wieder aktiv werden. Ich habe beide Männer nach deinem Vater über eine Anzeige kennengelernt, und so solltest du es auch machen. Eine anspruchsvolle Annonce in einer seriösen Tageszeitung, und zack, rennen die dir die Türen ein!« Dann verriet sie mir mit leidenschaftlichem Funkeln in den Augen: »Ich würde auch ein drittes und viertes Mal heiraten, aber die Männer in meinem Alter …« Mit einem Gesichtsausdruck, als hätte sie in eine Zitrone gebissen, schüttelte sie den Kopf. »Nee, nee, nee, die sind mir wirklich zu alt.«

Ich verzichtete darauf, meine Mutter über die Möglichkeiten der Partnersuche über Portale und Apps aufzuklären, und versprach, über ihren Vorschlag nachzudenken.

Aber längst nicht alle dachten wie meine Mutter. »Eine Frau wie du braucht doch keine Partnerbörse, um einen Mann kennenzulernen!«

Ich weiß nicht, wie oft ich diesen Satz schon gehört habe. Er gehört in die Kategorie »Komplimente und Lügen des

Alltags«, wie: »Eine Frau mit deiner Figur hat es doch nicht nötig, Kalorien zu zählen, eine wie du braucht kein Volumen-Haarspray, trägt bestimmt keine Shaping-Underwear, macht Haushalt und Kindererziehung doch mit links.« Schön wär's! Und was genau bedeutet eigentlich »eine Frau wie du«?

Wenn ich mich so umsehe, bin ich bei Weitem nicht die Einzige, die festgestellt hat, dass es nicht so einfach ist, im Alltag einen Mann kennenzulernen – und zwar ganz unabhängig davon, ob man dreißig, vierzig oder fünfzig ist.

Wer traut sich denn schon, in freier Wildbahn einen Mann anzusprechen und ihn zu fragen: Bist du zufällig auch gerade ungebunden? Suchst du genau wie ich nach der großen Liebe? Und findest du mich vielleicht genauso rattenscharf wie ich dich?

Der deutliche Vorteil bei allen Partnerportalen: Wer da aktiv ist, sucht auch wirklich Kontakt – welcher Art auch immer. Also wurde ich aktiv: »55, unkonventionell, neugierig, positiv, bindungsfähig, sucht …« Wieder mal, aber davon später mehr.

Donnerschlag, war ich nervös vor meinem ersten Date mit Partner-Portal-Paul! Genauso groß wie die Aufregung, Paul zu treffen, war allerdings meine Sorge, von Freunden oder Nachbarn mit ihm erwischt zu werden. In mir schwappte ein Gefühlscocktail aus Scham und Versagen, so als hätte mich eine dieser Supermütter an der Kasse mit einer Backmischung erwischt. »Es ist doch sooo leicht, eine hübsche Geburtstagstorte zu backen …« Denn Frauen, bei denen alles stimmt, die können so was mit links, oder? Und die laufen dann eben auch einfach durchs Leben und werden schwups vom Markt geangelt. Und die anderen? Mal ehrlich, da ist doch irgendwas verkehrt, oder?

Während ich also durch die wunderschönen Alleen im Hirschpark Richtung Blankeneser Schiffsanleger und meinem Blind Date Paul entgegenspazierte und hier und da ein Stöckchen für meinen Hund warf, legte ich mir daher schon mal ein paar Ausreden zurecht. Für den Fall, dass mich jemand mit dem fremden Mann sehen würde. Und auch für den Fall, dass ich Paul demnächst als meinen neuen Partner präsentieren könnte. Was sollte ich sagen, wie wir zueinandergefunden hatten?

Um keinen Preis würde ich erzählen, dass ich ihn zufällig beim Hundespaziergang an der Elbe kennengelernt hatte! Diese Kennenlern-Version hatte ich im letzten Jahr bestimmt zehn Mal gehört. Ja-ha. Wäre sie korrekt, müsste es einfacher sein, in einer Woche zwei Kilo abzunehmen als unangebaggert am Strand entlangzuspazieren. Ich gehe jeden (!) Morgen mit meinem Hund Carlo an die Elbe. Mal den Urlaub und was sonst noch den Gang verhindert abgezogen, sind das dreihundert Elbstrand-Gassi-Tage im Jahr. Und wie oft wurde ich dabei von einem Mann angesprochen? Genau einmal.

Und dieses tatsächlich recht smarte Exemplar hatte leider nur Augen für die Schönheit meines Jagdhundes, wollte wissen, aus welcher Zucht Carlo komme und wie das Zusammenleben mit ihm sei. Also: Entweder stimmt mit mir irgendwas ganz und gar nicht, oder die anderen lügen.

Ganz oben auf der Liste der Kennenlern-Geschichten steht auch die Supermarkt-Story. Wird ja immer wieder als ganz heißer Tipp gehandelt. Einsame Herzen im Sonderangebot? Kennenlernen zwischen Wurst und Käse? Am besten am Samstagvormittag, weil der vielbeschäftigte Mann nämlich unter der Woche keine Zeit zum Einkaufen findet. Glaube ich auch nicht – wegen negativer Testergebnisse. Eine geschlagene Stunde habe ich Champagner und eine Packung sündhaft teurer Trüffel (zieht mehr Herrenblicke auf sich als Tampons und Fischstäbchen) durch den Supermarkt geschoben. Das Ergebnis: Der misstrauische Filialleiter sprach mich an, weil er dachte, ich sei eine seriös getarnte Konsumgüterdiebin.

Ich wurde also zunehmend skeptischer, wenn Paare mir kichernd ihre ach so romantische Geschichte erzählten. »Er wollte mir das letzte Mohnbrötchen am Bäckertresen wegschnappen, und da habe ich mir ihn geschnappt …«

Doch erst mal war etwas anderes wichtiger: Was tun, wenn Paul sich als Sonderangebot von Amors Resterampe entpuppte? Mit der hatte ich leider jede Menge Erfahrung. Bereits nach der ersten Scheidung hatte ich mich nämlich aktiv auf Partnersuche gemacht. Damals tatsächlich noch per Chiffre in einer Tageszeitung und ganz ohne Muttis Wissen. Der Text meiner Anzeige damals:

Co-Pilot gesucht. Ich möchte weiterfliegen!
Die erste Bruchlandung habe ich absolviert, meine Traumziele aber im Auge behalten. Ich suche einen Mann für spannende Tag-, aufregende Nacht- und gemeinsame Höhenflüge. Wer hat Lust, mit mir (34) und meinen beiden Bordtechnikern (4 und 6 J.) neu durchzustarten? Bei gutem Klima gern auch Langstrecke.

Ich war damals megastolz auf meine Kreativität. Und tatsächlich flatterten haufenweise Briefe ins Haus, die ich bis heute aufbewahrt habe. Hier ein paar Kostproben aus der Kiste im Keller:

Hallo unbekannte junge Frau!
Deine liebe und zärtliche Anzeige hat mich persöhnlich ins Herz berührt. Ich suche ein Mädchen, mit der ich selisch, geistlich und körperlich zur Einheit werden darf. Isst es das was du dir ganz innen wünschst? Ich schwimme gern, auch wandere ich und habe eine sehr positiwe und Gefühlvolle Einstellung zur Natur und Tiere. Obwohl wir uns noch nicht begegnet sind, so fühle ich das du voller Liebe und Romantik bist. Wenn wir uns treffen sollten, wird sich zeigen, ob der Funke unseres Herzens ineinander überspringt und wir spüren, ob wir füreinander geschaffen sind. Solltest du den tiefen Wunsch verspüren mir zu antworten, würde ich mich freuen. Obwohl ich dich nicht kenne möchte ich sagen ... Ich liebe Dich!
Dein D.

Den einzigen tiefen Wunsch, den ich damals sofort spürte, war, D. den Duden zu schicken.

Nächster Brief:

Hallo!
Würdest du auch mit einem Piloten fliegen, der gerade 20 geworden ist? Mein Name ist F.; ich bin 1,90 groß und schlank, habe blaue Augen und kurzes blondes Haar. Mein Hobby ist das Segelfliegen. Zurzeit bin ich solo. Ich

habe kein finanzielles Interesse, mag einfach ältere Damen lieber als junge. Da mich die Mädchen meiner Altersstufe nicht interessieren, habe ich keine Freundin und fühle mich oft sehr allein. Ich würde mich freuen, wenn du mich anrufst. Ach ja – eine eigene Wohnung habe ich schon. Dein F.

Der Brief berührt noch heute mein Mutterherz. Peter Maffays Liedzeilen kommen mir in den Sinn: »Ich war 16 und sie 31 ... und als ein Mann sah ich die Sonne aufgehn.«

Noch ein vergilbter Versuch:

M., 52, gestandener Mann, sportlich, aktiv, zärtlich und wild verspielt, hat Lust auf die leidenschaftliche Pilotin und eine erotisch diskrete Dauerbeziehung ...

Der arme, wild verspielte M. träumte wahrscheinlich davon, trotz beginnender Arthrose die heimliche Geliebte im Tigertanga durch die Wohnung zu jagen, während seine Ehefrau daheim liebevoll das Abendessen für ihn warmhielt.

Auch etwas desillusionierend war P.s Antwort:

Begleitung und Kreativität für die anspruchsvolle Dame: Lunch / Dinner Theater / Oper Chauffeurdienst / Personenschutz Life-Game und FunDate ...

Auf der Rückseite hatte sich P. viermal in verschiedenen Outfits abbilden lassen. Was wohl so ein P. kostete?

Die Krönung der Kuriositäten aber war Klempner Schrägstrich Großwildjäger W. Seinen Zeilen hatte er ein Foto beigelegt. Es zeigte ihn nackt auf einem Messingbett, über dem das gewaltige Bild eines Nashornbullen hing. Ob Absicht oder Zufall – W.s stolze Erektion war im gleichen Winkel gebogen wie das Horn des Bullen.

Das Einzige, was mich bei dem Anblick wirklich beschäftigte: Hatte W. die Kamera für die Aufnahme in der beleuchteten Schrankwand platziert oder eine entgegenkommende Nachbarin um Hilfe gebeten?

Jedenfalls hatten W., P. und ihre Mitbewerber mich damals von der Partnersuche per Anzeige kuriert.

Ich hatte den Park durchquert und meinen Lieblingsort, die Aussichtsplattform, erreicht. Von hier kann man weit über die Elbe blicken, die Containerschiffe beobachten, die Menschen am Strand. Irgendwo da unten lief jetzt bestimmt auch Paul umher. Wenn er Unter-Prinz-Niveau hätte, würde ich mein Handy zücken und … Nun ja, Kinder sind für uns Frauen ja immer eine dankbare Ausrede: um langweilige Partys zu verlassen, einen Tag bei der Arbeit zu schwänzen oder eben, um aus einem Blind Date zu flüchten. Schnell schickte ich meiner Freundin Natalie eine WhatsApp. Es gab nichts, was sie nicht über mein Leben wusste, und natürlich hatte ich ihr auch von meinem Date erzählt. »Bitte ruf mich in einer Stunde an!«

Dann lief ich die Treppe von der Aussichtsterrasse hinunter an den Strand. Nun waren es nur noch ein paar Minuten bis zum Treffpunkt.

Ah, da war er, mein Liebesglück-Kandidat: Er hatte

schneeweiße Haare (von wegen »grau meliert«) und eine altersschwache grauhaarige Foxterrier-Dame an der Leine. Das fortgeschrittene Alter hielt meinen toleranten Jagdhund nicht davon ab, Pauls Hündin sofort liebevoll zu beschnüffeln. Mit dem Thema Altersunterschied gehen Hunde entspannter um als wir. Als er allerdings die Terrier-Oma zum Spielen animieren wollte, ignorierte sie ihn.

»Meine Bonny spielt nicht mehr so gern, seitdem sie Arthrose an der linken Hüfte hat«, erklärte Paul. »Unser Bobby ist noch zwei Jahre älter als die Bonny. Der hat sogar Arthrose in beiden Hüften. Dazu hatte er einen Schlaganfall im letzten Jahr. Deshalb habe ich ihn heute nicht mitgebracht.«

Weiter erfuhr ich: Paul war Anwalt in Norderstedt, hatte seine Scheidung fachmännisch und souverän abgewickelt. Auch den Verlust seiner Frau, die mit seinem Kanzleipartner durchgebrannt war, hatte er gut verarbeitet. Traumatisiert war er allerdings durch die Trennung von seinen heißgeliebten Terriern.

»Meine Exfrau und ich haben das gemeinsame Sorgerecht für unsere Hunde behalten«, vertraute er mir an. »Die Betreuung teilen wir uns zu gleichen Anteilen. Wir haben einen Plan aufgestellt, der die täglichen Gassirunden, Wochenenden und Urlaube regelt.«

Während Paul mich in den detaillierten Wochenplan einweihte, fragte ich mich, ob die beiden das Hundesorge- und -umgangsrecht wohl auch notariell beurkundet hatten. Gab es am Ende Formverträge für Hunde, rassenspezifisch an deren jeweilige Bedürfnisse angepasst?

Paul war im Grunde ein ganz smarter Typ. Vom ersten

Eindruck her hätte ich mir durchaus vorstellen können, mit ihm Pläne zum näheren Kennenlernen zu machen. Wie gern hätte ich statt über Arthrosetherapien über seine Lebensträume geplaudert; erfahren, welchen Sport er betrieb, der ihm einen solchen Körper beschied; von seinem Leben als Anwalt gehört, von seinen erwachsenen Kindern. Aber zu diesen Themen drang ich trotz steter Bemühungen nicht vor. Offenbar war die Sorge um die Hunde nach der Trennung Pauls Lebensinhalt geworden. Warum wohl? Ist das nicht furchtbar?! Wobei … Vielleicht bin ich ja auch längst ein bisschen sonderbar geworden. Meine Kinder deuten so was manchmal an … Schließlich haben wir alle Menschen in unserem näheren oder weiteren Umfeld, die mit zunehmendem Alter eher schräge Gewohnheiten entwickeln. Eine meiner Freundinnen hängt ihre Wäsche sortiert nach Farbe an die Leine und spricht mit sich selbst, sobald sie in Stress gerät. Und ich treibe meine Familie beim Fernsehen oder im Kino zum Wahnsinn, weil ich jede Filmszene kommentiere, obwohl ich mir schon tausend Mal vorgenommen habe, das jetzt zu lassen. Außerdem kontrolliere ich jeden Abend vor dem Schlafengehen dreimal, ob die Haustür abgeschlossen ist und auch wirklich alle Kerzen ausgepustet sind. Manchmal habe ich auch meinen Mutterinstinkt nicht unter Kontrolle und versuche, den ein oder anderen Erwachsenen an meiner Seite zu erziehen. Sorry dafür an alle Betroffenen. Offenbar wird es mit den Jahren immer schwieriger, über den eigenen Schatten zu springen. Werden wir alle mal zu arthritischen Terriern, die es nicht mehr über den Zaun schaffen, hinter dem das geworfene Stöckchen versehentlich gelandet ist? Ich finde ja schon, dass wir

Frauen grundsätzlich ziemlich flexibel sind. Sonst würden wir den Kinder-Partner-Haushalt-Job-Alltag gar nicht überleben. Und was die Schrulligkeit angeht: Also meine Kinder weisen mich schon ab und zu darauf hin, dass es Zeit wird für einen »Hast du alle beieinander«-Check. Mit liebevollen Kommentaren wie »Hast du dazu mal deinen Arzt befragt?« oder »Kannst du diese kranke Meinung mal mit deinen Freundinnen besprechen?« bremsen sie den sich schleichend ausbreitenden Verfallsprozess aus. Einen großen Beitrag leisten auch meine Freundinnen. Unsere Weiberabende, der lebendige Austausch über die Kuriositäten des Lebens, die Betrachtung und Reflexion von Sichtweisen, Eigenheiten und Spleens sind unbezahlbar. Was Krieger und Kobra beim Yoga für den Körper sind, ist Freundinnen-Talk für die Seele: die angenehmste Übung, um die Gehirnwindungen biegsam und die Gedanken flexibel zu halten.

So flexibel allerdings, dass ich mich um Pauls Terrier-Terminplan kümmern wollte, war ich nun doch nicht. Während Paul über den Zaun kletterte, um das Stöckchen für seinen Hund zu holen, guckte ich auf meine Uhr. Wenn Natalie mich nicht hängen ließ, müsste mein Telefon in wenigen Minuten klingeln. Und das tat es …

»Na Schatz, wie isser? Soll ich schnell wieder auflegen, damit du weiterknutschen kannst, oder …?«

Gott, war ich froh, ihre Stimme zu hören!

»Was?«, schrie ich in den Hörer. »Vom Baum gefallen? Den Arm gebrochen? Ich komme sofort!« Ich guckte Paul so bestürzt an wie möglich. Aber der druckste nur verlegen herum.

»Also, das war wirklich sehr nett mit dir, aber jetzt muss ich … also, meine Exfrau … Ich muss jetzt zu ihr, gleich ist wieder Hundeübergabezeit.«

»Wie viele Frösche muss man eigentlich küssen im Leben?«, fragte ich Natalie nach dem Treffen.

»So viele, bis du den Richtigen gefunden hast«, lautete ihre pragmatische Antwort.

Nach Paul traf ich noch Bill, der mich sofort fragte, ob ich mit ihm nach Tansania auswandern würde, dann Tom, der mir gleich beim ersten Treffen seine Liebe gestand und mir versprach, mich noch am Sterbebett mit Pralinen zu füttern, gefolgt von Kapitän Jens, der mir viele Fotos von Kreuzfahrtschiffen und jeder Menge Wasser drum herum schickte, aber nie Zeit für ein Date hatte. Ach, und dann war da noch Bernhard, der meinen Job so cool fand, dass er nur noch davon sprach, ich solle doch unbedingt einen Roman über sein ach so spannendes Leben schreiben. Der Einzige, der nachhaltige Spuren – zumindest in meinem Haus – hinterließ, war der handwerklich begabte Norbert.

Was man braucht, um aktiv auf Partnersuche zu gehen? Mut. Eine riesengroße Portion Humor. Ein gesundes Selbstbewusstsein, um mit frustrierenden Begegnungen umzugehen. Dazu jede Menge Ausdauer. Und ja, das kann ab und an nerven. Was auf Partnerportalen fehlt? Meiner Ansicht nach Rezensionen von »Vornutzerinnen«! So nach dem Motto: Norbert – ein Gewinn für alle, die auf lange Gespräche gut verzichten können und sich jemanden wünschen, der auch mal kräftig zupacken kann, der einem den Fußboden neu verlegt, die Heizungen entlüftet, Gartentor und Rasenmäher repariert. Bei mir war nach vierzehn Tagen mit Norbert die Wohnung tipptopp. Zu reden gab es dann aber leider nix mehr. Habe daher vom Rückgaberecht Gebrauch gemacht.«

Was mich zu der Frage führt, welche Rezensionen ich wohl von den Herren der Schöpfung bekäme? »Vergnügte Person, voller Ideen, nicht immer einfach in der Handhabung, keineswegs geeignet für wortfaule Männer. Durchaus lebenstüchtig, praktisch veranlagt, aber manchmal etwas überambitioniert als Mutter. War schon etwas verstörend, als sie auch mir beim Essen das Salamibrot in mundgerechte Stücke zerteilte … Verpackung war in Ordnung. Rückversand lief problemlos. Manko: Umtausch war ausgeschlossen.«

Ein Rückgabe- oder zumindest Umtauschrecht wäre auch in anderen Lebenssituationen ganz nett. Oder? Und damit sind wir wieder bei der Frage: Wie bin ich überhaupt hierhergekommen? Wie wurde ich die Frau, die Norbert und Paul begegnet ist? Oder treffender noch, wenn wir in der Zeit einige Jährchen zurückkreisen: Wie wurde ich die Frau, die im Kreißsaal gern geschrien hätte: »Nein. So habe ich mir Wehenschmerzen nicht vorgestellt! Kann ich mal eben die enthusiastisch geplante natürliche Geburt gegen Kaiserschnitt, Hypnobirthing oder eine PDA tauschen?«

3

Emergency Room im Realitätscheck: verliebt, verlobt, verheiratet und schwups, im Kreißsaal

Warum lernen wir in der Schule eigentlich so wenig fürs echte Leben? Mein romantisches Geburtswissen hatte ich überwiegend aus Fernsehserien bezogen. Ganz ehrlich: Drehbuchautoren sollten besser recherchieren. Zum Beispiel bei mir …

»Und wie ist das so mit der Geburt?«, hatte ich meine Mutter einige Wochen zuvor gefragt, als der Stichtag näher rückte. »Wie war es bei dir damals, als ich zur Welt kam?« Ich wog bei einer Größe von knapp eins sechzig fast achtzig Kilo, quälte mich schnaufend durch den Tag, wälzte mich wie ein Wal auf dem Trockenen unruhig durch die schlaflosen Nächte und dachte nur noch an eines: die Geburt! Ich freute mich wahnsinnig auf mein Baby, hatte aber gleichzeitig großen Respekt vor dem Ungewissen.

»Ach, Kind«, antwortete meine Mutter und streichelte mir mit entrücktem Blick über den Bauch. »Wenn du dein Baby erst im Arm hältst, ist das alles vergessen.« Weiter ging sie einfach nicht auf die Frage ein. Damals dachte ich noch, sie hätte aus Scham so geantwortet.

Ähnlich erging es mir auch bei Tante Lotti. Und Oma

Ruth erinnerte sich aufgrund fortschreitender Demenz gar nicht, überhaupt einmal Kinder bekommen zu haben.

Wen wundert es also, dass ich mein Geburtswissen überwiegend aus Fernsehserien bezog? *Emergency Room* und Co. weckten große Erwartungen. Ich hatte Frauen gesehen, die sich auf Taxi-Rückbänken vor Schmerzen krümmten, während die Fahrer, rote Ampeln ignorierend, durch die Stadt rasten, um das Leben von Mutter und Kind zu retten. Heute glaube ich, dass ihre Angst weniger Mutter und Baby galt als einem Abgang des Fruchtwassers auf den Velourssitzen. Aber damals war ich noch voller Illusionen. Natürlich war ich deshalb auch kurz beleidigt, als Theo, mein erster Mann, aus Kostengründen darauf bestand, in unserem Wagen zu fahren, statt ein Taxi zu rufen. Auch verwirrte mich, dass außer mir niemand aufgeregt zu sein schien. Mit den Worten »Du kannst dich schon mal anmelden, ich park das Auto außerhalb des Geländes« setzte Theo mich einfach vor dem Kreißsaal ab.

Ich liebte Theo für seine klare Struktur, seine vernünftigen Ideen, den kühlen, klaren Kopf, seine Vernunft. Er war der Fels in der Brandung meines oft so turbulenten Lebens. Und es gab keinen Mann, von dem ich in diesem Moment lieber ein Kind bekommen hätte. Und ich hatte auch nicht erwartet, dass Theo meine zarten achtzig Kilo in den Kreißsaal trug, aber dass er mich einfach ganz allein vor der Tür absetzte, um einen günstigeren Parkplatz zu suchen, hat in unserer Ehe nachhaltige Spuren hinterlassen. Auch die erwartete Ärzteschar mit im Laufschritt wehenden weißen Kitteln blieb komplett aus. Einzig Schwester Hilde traf ich auf dem leeren Flur.

»Erstes Kind?« Sie musterte mich streng durch dicke Brillengläser, und sofort schämte ich mich zuzugeben, noch keiner kleinen Fußballmannschaft das Leben geschenkt zu haben. »Dann ist ja Zeit«, stellte Hilde energisch fest und schickte mich, gänzlich unbeeindruckt von meinen immer heftiger werdenden Wehen, in den Warteraum.

»Ahhhhrg! Verflixt, verflucht, verdammte, verfi… Sch…!« Es drangen Worte aus meinem Mund, von deren Existenz in meinem Wortschatz ich bis zu diesem Tag gar nichts gewusst hatte. Aber wenn die Wehen im Minutentakt kommen und man gerade das Gefühl hat, dass es einem den Unterleib zerreißt, kann man schon mal die Contenance verlieren. Ich schnaufte, stöhnte, fluchte und hörte mich selbst fremdartige Laute von mir geben, die ich bislang ähnlich nur aus Tierdokumentationen kannte. Ich weinte und wimmerte, hielt mich verzweifelt an Theo fest, um ihm im nächsten Moment zu verbieten, mich anzufassen, weil ich keine Berührung ertrug.

Keineswegs ermutigend waren die Schreie aus dem Nebenzimmer, die wie aus einem Horrorfilm klangen. »Was passiert denn da drüben gerade?«, fragte ich Schwester Hilde ängstlich in einer der Wehenpausen.

»Nicht mehr als hier«, antwortete sie pragmatisch und wenig aufgeregt.

Im Laufe der nächsten Stunden lösten sich die letzten romantischen Gedanken zur Geburt in bestialischen Schmerzen auf und mit ihnen auch die Idee, dass ich Hand in Hand gemeinsam mit meinem geliebten Ehemann die Wehen wegatmen würde, wie wir es bei Kerzenlicht im

Partner-Geburtsvorbereitungskurs gelernt hatten. Jetzt machte es mich eher aggressiv, Theo zu beobachten, der die Dauer der Wehen mit der Stoppuhr kontrollierte und bei dem Versuch, im Gleichtakt mit mir zu atmen, irgendwie aussah wie ein Karpfen auf dem Trockenen. Ich drohte, ihn zu verlassen, noch bevor unser Kind das Neonlicht des Kreißsaals erblicken würde, wenn er nicht sofort aufhörte.

Was Schmerzen aus einem machen. Apropos Schmerzen. Ich hätte die gern geteilt. Oder ganz abgegeben. Dazu hatte mir meine Mutter sogar einen Witz erzählt: »Mann und Frau im Kreißsaal. Der Arzt sagt zum Vater: ›Es gibt da eine neue Technik, anhand derer es uns möglich ist, die Geburtsschmerzen zwischen dem Vater und der Mutter aufzuteilen. Sie sagen, wie viel Sie Ihrer Frau abnehmen möchten, ich stelle es entsprechend ein. Möchten Sie das ausprobieren?‹ Der Mann beginnt zaghaft mit dreißig Prozent – und merkt nichts. Mutig erhöht er auf fünfzig Prozent, noch immer kein Schmerz. Schließlich weist er den Arzt an, hundert Prozent zu übertragen, auch jetzt spürt er keinen Schmerz, aber die Frau erlebt eine leichte Entbindung, und das Baby kommt gesund zur Welt. Als die beiden stolz mit ihrem Nachwuchs zu Hause eintreffen, liegt der Briefträger tot vor der Tür.« Dann fügte meine Mutter noch süffisant grinsend hinzu: »Ja, ja, so ist das, mein Kind. Gut, dass Männer nicht immer alles wissen.« Sie und ihre Geschichten … Bei uns hätte es höchstens bis zur Ohnmacht gereicht. Und die hätte tatsächlich meinen Mann getroffen. Meinen Traummann, der kurz vor meinem dreißigsten Geburtstag in mein Leben galoppiert war …

Damals ritt ich durch die Lüneburger Heide, das Heidekraut leuchtete mir hoffnungsvoll lila entgegen, und ich murmelte mantramäßig: »Ich wünsche mir einen Mann fürs Leben. Ich wünsche mir einen Mann, der mich liebt. Ich wünsche mir Ehe, Kinder, eine glückliche Familie.« In der letzten Zeit hatte ich nämlich von meiner Mutter, die sich langsam Sorgen machte, ob ihre Tochter noch vermittelbar sei, auffällig viele Glücksratgeber geschenkt bekommen, und so übte ich mich in der Kraft der positiven Gedanken. Was soll ich sagen: Als ich nach zwei Stunden wieder auf den Hof ritt, putzte meine Reitpartnerin Anna gerade ihr Pferd. Und neben ihr stand der Adonis der Lüneburger Heide – und strahlte mich an.

Anna stellte ihn mir als Theo vor.

Theo war dreißig Jahre alt, smart, kurz vor ungebunden und: Er konnte reiten. Zwar nicht zu vergleichen mit Little Joe – Theo fiel bei jedem Ausritt mindestens einmal von seinem wilden Braunen –, aber trotzdem: Ich hatte ihn gefunden, meinen Retter! Er würde mich von den Irrwegen meines Lebens auf den Pfad des Glücks führen. Von jetzt an bis in alle Ewigkeit … Und nein, die Heideluft war mir gut bekommen, und ich war nicht betrunken. Ich war einfach verliebt und fühlte mich wie auf Droge. Vielleicht erklärt das die rosaroten Fantasien. Vielleicht aber hatten auch unzählige Liebesromane und Märchen wie Dornröschen, Aschenputtel und Co. ihre Spuren hinterlassen. Auf jeden Fall – zack, waren wir verheiratet. Und schwups, war ich schwanger und verrückt vor Freude, dass ich ein Baby bekam, auch wenn das bedeutete, dass ich eine Metamorphose von der Frau zum Mehlsack durchleben musste und unerwartete, schräge Dinge passierten. Zum Beispiel: Ich stand in der Bäckerei. Eine fremde Hand hatte sich unbemerkt von hinten genähert, strich über meinen prallen Babybauch und riss mich aus meiner Überlegung, ob ich meinen ungezügelten Appetit auf Süßes vor dem Abendessen noch schnell mit einem Stück Lübecker Marzipantorte stillen sollte oder doch lieber nur mit einem kleinen Windbeutel.

»Na, wann ist es denn so weit?« Karin Brandmüller, eine entfernte Bekannte meiner Schwiegermutter, ließ ihre Hand fachmännisch über die Rundungen meines Bauches kreisen, als könnte sie so den exakten Geburtstermin ertasten.

Und mir wurde klar: Mit zunehmendem Bauch wächst nicht nur das Baby, sondern auch das Bedürfnis wildfremder Menschen, diesen anzufassen!

Dabei hat doch fast jeder schon mal davon gehört, dass es so etwas wie einen körperlichen Distanzraum gibt. Sozusagen eine territoriale Grenze, die nur von nahestehenden Menschen und auf Wunsch überschritten werden darf. Im Supermarkt, an der Bushaltestelle, beim Friseur oder sogar mitten auf der Straße verlieren wildfremde Menschen angesichts einer schwangeren Frau jegliche Hemmungen. Zugegeben – mein Bauchumfang hatte solch gewaltige Ausmaße, dass der Nabel diese Distanzgrenze von einer Armlänge überschritt, und Menschen, an denen ich vorbeilief, hätten einen Sprung rückwärts machen müssen, um meinen persönlichen Wohlfühlabstand herzustellen. Okay, das wäre vielleicht zu viel erwartet gewesen, aber das ist doch trotzdem kein Grund fürs hemmungslose Anfassen, oder?

Anteilnahme und Freude an meinem Zustand waren toll. Aber sollte es nicht möglich sein, all das verbal auszudrücken – zumindest, bis man sich gegenseitig vorgestellt hat?

Ich würde ja zu gern mal die Reaktion erleben, wenn ich mit den Worten »Na, Weihnachten ein paar Gänsekeulen zu viel gegessen?« in fremde Hüften und Bäuche kneifen würde. Oder wenn ich einem stolzen Vater zwinkernd in den Schritt fasste: »Na, wieder mal für Nachwuchs gesorgt?«

Auf das Betätschelt-Werden war ich jedenfalls genauso wenig vorbereitet gewesen wie auf die Wehen und ihre Folgen. Theo wollte mich nur liebevoll mit Massagegriffen unterstützen, ich schrie ihn dafür an. Hätte das besser laufen können?

Es gibt Menschen, die lieber Augen und Ohren schließen, weil ihnen die Wahrheit Angst macht. Andere fühlen sich wohler und vor allem sicherer, wenn man ihnen klar sagt, was auf sie zukommen wird. Ich gehöre auf jeden Fall zu Letzteren, und überhaupt glaube ich, vieles im Leben einer Frau würde einfacher laufen, wenn wir etwas besser vorbereitet wären. Ich habe in der Schule gelernt, was Frühblüher sind und auch, wie viele Stacheln ein Igel hat. Bislang bin ich in keine Situation geraten, in der mir dieses Wissen geholfen hätte. Auch habe ich zahlreiche Arbeitsblätter über den menschlichen Körper lesen müssen, habe Organe mit Namen beschriftet und erinnere mich sogar an einen Lückentext im Sexualkundeunterricht, den wir als Gruppe ausfüllen mussten – damals das Peinlichste, was ich mir vorstellen konnte.

Kinder bringt der Storch?
Wenn Mann und Frau verliebt sind, schlafen sie mit-
einander, sie umarmen und küssen sich. Es ist ein schönes
Gefühl, wenn das _____ des Mannes in der _____
der Frau ist. Wenn es am allerschönsten ist, kommt aus
dem Glied des Mannes _____ heraus und wandert zu der
_____ der Frau. Nach _____ Monaten kann das Kind
zur Welt kommen. [...]

Trockene Theorie, die wirklich niemanden weiterbringt im
Leben. Und die Geburt wurde nicht einmal erwähnt. Ent-
bindungen erleben Kinder bestenfalls im Krippenspiel an
Heiligabend, wo der kleinen Maria – schwups – das Jesus-
Baby unterm Pullover raus- und direkt in den Arm fällt.
Das Leben ist jedoch kein Krippenspiel, und natürlich war
ich informiert und fühlte mich vorbereitet. Aber eben nicht
auf das, was sich hier gerade in meinem Körper abspielte.

Nach der Entbindung war mir jedenfalls klar, dass meine
Mutter es nur gut gemeint hatte, dass sie mir hatte Angst
ersparen wollen. Trotzdem ärgerte ich mich über sie und
alle anderen Frauen, die mir nicht die Wahrheit gesagt hatten. Meine Töchter würde ich später nicht mit solchen va-
gen Äußerungen abspeisen, das schwor ich mir. Da wusste
ich ja noch nicht, dass es niemals Töchter geben würde, um
sich über Frauenthemen auszutauschen.

Ja, die Wahrheit ist oft etwas weniger kuschelig, stellen-
weise vielleicht sogar brutal, aber dennoch: Ist es denn
wirklich hilfreich, wenn wir Frauen uns gegenseitig etwas
vormachen? Wäre es nicht gut, vorab zu wissen, dass ein
Baby zu bekommen auch bedeuten kann, sich monatelang

zu übergeben, sich von einer sexy Frau in ein wandelndes Fass zu verwandeln, unter Qualen zu entbinden, wochenlang auf Gummikissen zu sitzen wegen Dammschnittbeschwerden, sich mit postnataler Depression und Brustentzündungen herumzuquälen, sich als Känguru oder Esel beim Beckenbodentraining zum Deppen zu machen, Sex unter einem Milchspringbrunnen zu haben, stundenlang ein Schreibaby durch die Wohnung zu tragen, sich von der Außenwelt zu isolieren …?

In der letzten heftigen Wehe klammerte ich mich so fest an Theos Gürtel, dass ich ihm fast die Jeans in die Kniekehlen gezogen hätte. Dann lagen plötzlich einundfünfzig Zentimeter blau angelaufenes, verrunzeltes, glitschiges Wunder auf meinem Bauch und wir uns in den Armen: ein Junge!

Es kursiert die Behauptung, Frauen würden bei der Geburt auch immer ein Stück Hirn mit rauspressen. Da muss was dran sein. Auf jeden Fall bei denen, die sich, kaum haben sie das Baby im Arm, an wirklich nichts mehr erinnern können. Anders jedenfalls konnte ich mir nicht vorstellen, wie es möglich sein sollte, stante pede zu vergessen, was da so Fremdes mit einem vorgeht – vom Platzen der Fruchtblase über den Abgang verschiedenster Körperflüssigkeiten bis zu den Schmerzen in einer ganz neuen Dimension …

Ich weiß nicht, was bei meiner Mutter und Tante Lotti schiefgegangen war. Ich werde diese Nacht jedenfalls nie vergessen. Tut das überhaupt irgendeine Frau? Ich erinnere mich lebhaft an den Erfahrungsaustausch mit meinen Freundinnen damals. »Ich dachte, es zerreißt mir den Bauch«, erzählte die eine. »Ich konnte nicht liegen und nicht stehen. Ich habe nur auf dem Pezziball gesessen. Sieben Stunden lang!« Und bei der Rückbildung erzählte mir eine Frau: »Die haben mich an den Wehentropf gehängt. Waren das Schmerzen, Adrienne. Du machst dir keinen Begriff. Es fühlte sich an, als wäre mir ein LKW über Bauch und Beine gefahren. Aber als der Louis dann da war, da war ich drei Tage wie in drogenähnlicher Ekstase. Diese Hormon-Adrenalin-Mischung, die ist einfach Wahnsinn, da kommt nicht mal ein Tandemsprung aus viertausend Meter Höhe ran.«

Ist es nicht so: Der Stolz, das Unglaubliche geschafft zu haben, die Erfahrung von Schmerz und Euphorie, die kein Mann sich jemals vorstellen kann, verbindet uns Frauen wie in einem geheimen Pakt. Und dann das Baby statt im Bauch plötzlich darauf zu haben, das lässt zwar noch immer nix vergessen, aber die ultimative Entschädigung ist es schon.

»Und, wie war die Geburt?«, fragte meine Mutter, als sie kam, um ihr Enkelkind zu bewundern.

»Welche Geburt?« Ich zwinkerte ihr zu und streichelte meinem Baby den Kopf.

4

Gefährliches Brodeln statt erotisches Knistern

Bis dass das Leben euch scheidet: Mondlandungen, Hyperstrahlattacken und nicht geschriebene Liebesbriefe – Gedanken über das, was jedes zweite Ehepaar erlebt: das Scheitern der Beziehung zwischen Wünschen, Wahrheit und Windeleimern.

Zwei Jahre nach Justus kam Jonah auf die Welt – genau so hatten Theo und ich es uns gewünscht. Irgendjemand hatte uns damals die Idee verkauft, das sei der optimale Abstand. Ich fand es eigentlich ziemlich anstrengend mit zwei Windelbabys und hätte gern mehr Zeit für jeden der Jungs gehabt. Aber ob Kaiserschnitt oder natürliche Geburt, Brust oder Flasche, Väter im Kreißsaal oder nicht, gleich das zweite Kind kriegen oder lieber warten – rund um Schwangerschaft, Geburt und Baby gibt es eine riesige Maschinerie, die uns Frauen mit Studien, Tipps und Angeboten von allen Seiten verwirrt. So habe ich es jedenfalls empfunden. Ich war in einigen Punkten total verunsichert und habe mein ganz natürliches Bauchgefühl hin und wieder aus den Augen verloren.

Der »perfekte« Abstand zwischen Geschwistern – gibt es den überhaupt? Der ist doch so individuell wie die Partnerwahl. Manche Frauen wünschen sich ihre Babys kurz hintereinander, um schnell aus dem Gröbsten raus zu sein, und hoffen, dass die beinahe gleichaltrigen Geschwister miteinander spielen. Andere Mütter möchten sich lieber erst einmal ganz auf ein Kind konzentrieren, die Zeit in Ruhe genießen, Rivalität vermeiden. Wie und wann auch immer – Kinder sind ein Wunder und kommen am Ende sowieso genau zum richtigen Zeitpunkt.

Apropos Wunder. Der Schrei, der durch die Wände drang, unterschied sich in Lautstärke und Qualität deutlich von dem üblichen Kindergebrüll, gegen das ich mittlerweile fast immun war. Ich stürzte ins Jungszimmer. Jonah lag auf dem Boden und krümmte sich.

»Justus hat mich blind gestochen«, schrie er, beide Hände fest vor die Augen gepresst.

Justus stand blass neben seinem niedergestreckten Bruder. Seine Mundwinkel zuckten verdächtig, und er murmelte etwas von »Hyperstrahlattacke« und »aus Versehen abgerutscht«.

Ich strafte ihn mit einem Blick, der ihn unmittelbar zum Heulen brachte. Meine Knie waren weich vor Angst, was Jonahs kleine dicke Finger verbergen würden. Unter wimmerndem Protest entfernte ich vorsichtig seine Hände. Das Auge war blutunterlaufen und zugeschwollen, schien sich aber Gott sei Dank noch an dem vorgesehenen Platz zu befinden.

Zwanzig Minuten später saßen wir wieder einmal in der Notaufnahme des Kinderkrankenhauses. Mutter und Jungsmutter – das ist etwa so, als würde man ein Bad im See an einem lauen Sommernachmittag mit einem Sprung in den Ozean bei Windstärke fünf vergleichen.

Ich war mit zwei Schwestern aufgewachsen und hatte keine Ahnung, wie das Leben mit Jungs im testosterongeschwängerten Alltag ist. Was hatte das Schicksal sich bloß dabei gedacht, einer jungsunerfahrenen Mutter gleich zwei Söhne hintereinander zu schenken?

Als die Tochter meiner Freundin anfing zu sprechen, war ihr erstes Wort »Mama« – einmal heraus, wiederholte sie es wie aufgezogen, während sie an ihrer Mutter hing. Justus' erstes Wort war »Ball«, das zweite »Nissan«, das dritte »Papa«. Und statt kuschelig auf meinem Schoß zu sitzen, tobte er, sobald er laufen konnte, wie ein Tornado durchs Haus. Mal als Polizist, mal als Cowboy, mal als Bankräuber – immer bewaffnet. Dabei zielte er gern mit einer Banane auf mich: »Peng!« – Und das war erst der Anfang meines Lebens unter Männern, auch wenn ich damals noch keine Ahnung davon hatte, dass ich eines Tages sogar mit vier Söhnen unter einem Dach hausen würde. Und was meine Ehe betraf – was wusste ich schon über die Herausforderungen im Zusammenleben von Männern und Frauen? Was wusste ich über ihre Unterschiede, die Realität des Familienalltags mit Kleinkindern und all die Knackpunkte, die so viele Liebesbeziehungen an ihre Grenzen bringen?

Klar leben überall um uns herum Paare und Familien. Aber wer ein Foto von einem Raumschiff sieht und Bilder von der Mondlandung im Fernsehen verfolgt, qualifiziert sich damit noch längst nicht als Astronaut, oder?

Wir beobachten aus der Ferne und zensiert: Wir erleben Mütter, wenn sie von Glückshormonen überflutet ihr Neu-

geborenes im Arm halten, aber nicht vorher im Vierfüßler-
stand und schreiend im Kreißsaal. Wir sehen Verliebte
Arm in Arm spazieren gehen, romantisch beim Candle-
Light-Dinner im Restaurant oder vergnügt auf Partys. Aber
wir sind nicht mit dabei, wenn mal Eiszeit herrscht im
Ehebett. Wir beobachten neidisch Eltern auf dem Spiel-
platz, die ihre Kinder fröhlich auf der Schaukel anschub-
sen, sehen aber nicht die verzweifelten Mütter, die aus dem
Gleichgewicht geraten, brüllend durchs Haus toben oder
weinend auf dem Bett liegen, weil sie sich maßlos erschöpft
und überfordert fühlen. Sogar von Freunden wird uns oft
nur die goldene Seite der Medaille präsentiert. Warum ist
das so? Weil es sich genauso wenig »gehört«, offen über
Misserfolge in der Partnerschaft zu sprechen, über Versa-
gensängste und Probleme mit dem Nachwuchs wie über
Menstruationsbeschwerden, Sex oder postnatale Inkonti-
nenz?

Es hat mich immer schon misstrauisch gemacht, dass andere Frauen nie von knallenden Türen und Tränen erzählen
und von Zeiten, in denen Sex mit dem Ehemann ebenso re-
alistisch scheint wie ein Sechser im Lotto.

Während der ersten Ehejahre hatte ich all die tollen
Frauen um mich herum noch nicht, die sich trauten, offen
über Unsicherheiten und Beziehungsprobleme zu sprechen, und so fühlte ich mich häufig alleingelassen und als
Versagerin. Für alles und jedes gibt es inzwischen eine App
oder eine Website. Wie wäre es mal mit dieser: Nichts-als-
die-Wahrheit-über-Ehe-und-Kinder.de? Da könnte dann
zum Beispiel stehen, was mir meine Freundin Monika erst
neulich erzählte: »Meine Mutter hat Tassen nach meinem

Vater geworfen. In meiner Kindheit herrschte regelmäßig Ausnahmezustand im Haus, wenn meine Eltern sich stritten. Aber dann verzogen die Streithähne sich am nächsten Tag zum Schäferstündchen ins Schlafzimmer.« Vielleicht flogen die Tassen auch nur, weil er schon wieder den halben Einkauf vergessen hatte oder den Müll in der Wohnung …

Sind wir Frauen denn eigentlich noch normal, wegen solcher Kleinigkeiten derart auszurasten? Ja! Weil wir nämlich manchmal so erschöpft sind, dass wir einfach verzweifeln. Was ist das Schlimme daran, Schwächen einzugestehen?

In meinem Elternhaus hatte ich nicht erlebt, dass Streit und Versöhnung ganz natürlich zur Ehe gehören, und reagierte total verstört, wenn es kriselte. Sobald Theo und ich über die Kindererziehung aneinandergerieten, über die Organisation des Weihnachtsfestes oder den nächsten Urlaub, brach jedes Mal gleich eine Welt für mich zusammen. Heute würde ich denken: So what? Zwei Menschen, zwei Meinungen. Doch damals spürte ich regelrecht Panik. So etwas durfte doch nicht passieren zwischen Liebenden! Ich sah den Streitpunkt nicht als etwas, wofür wir gemeinsam Lösungen erarbeiten konnten, sondern als bezeichnend für den Status unserer gesamten Beziehung.

Und da ich schon mal dabei bin, Klartext zu reden: Meine Kinder sind das Allergrößte in meinem Leben – eine Liebe in einer Intensität, die ich mir vorher überhaupt nicht vorstellen konnte. Aber als Eheretter taugen Kinder im Allgemeinen nicht. Es rettet ja auch keine Ehe, wenn man sich einen Hundewelpen anschafft, der dann dreimal am Tag auf den Wohnzimmerteppich pinkelt und die Lieblingsschuhe anknabbert.

Natürlich hatte ich vor der Heirat gewusst, dass jede zweite Ehe geschieden wird. Traurig, klar. Aber das hatte doch nichts mit unserem Leben und unserer Liebe zu tun. War reine Statistik. Doch dann erstickte unsere Liebe irgendwo zwischen Windeleimern und durchwachten Nächten. Wir waren überrascht bis überrumpelt davon, was mit uns passierte, dass Nähe, Zweisamkeit und vieles, was so selbstverständlich schien, plötzlich schwierig wurde und sich nicht mehr gut anfühlte. Statt uns gegenseitig Kraft zu geben, uns zu unterstützen und vielleicht mit einer großen Portion Humor die Trockenzeiten zu überstehen, gerieten wir in eine Wer-hat-heute-mehr-geleistet-Rivalität und machten uns Vorwürfe à la:

Er: »Wieso ist es immer so unordentlich bei uns? Was machst du eigentlich den ganzen Tag außer Kaffeetrinken mit deinen Freundinnen?«

Ich: »Deinen ruhigen Bürotag hätte ich auch gern mal, statt acht Stunden das Baby mit Dreimonatskolik umherzutragen.« Ich: »Jetzt noch zum Sport? Du hattest doch schon den ganzen Tag für dich allein.«

Er: »Ich kann ja auch gleich ganz ins Gästezimmer ziehen, wenn sowieso jede Nacht die Kinder um dich herumliegen.«

So gerieten wir immer weiter in eine negative Spirale, die sich als tödlich für unsere Ehe erweisen sollte.

Als Theo längst ausgezogen war, las ich in einem Familienmagazin den Brief einer jungen Mutter an ihren Mann:

Lieber Daniel,

ja! Ich liebe dich noch immer. Und nicht nur noch immer, sondern mehr als je zuvor! Wir beide haben uns zusammen in das Abenteuer Familie gestürzt und haben gemeinsam ein großes Wunder erlebt: die Geburt unseres Sohnes Frederik. Und nun wundern wir uns beide, wie sehr uns dieses Wunder rund um die Uhr auf Trab hält – und wie wenig Zeit dabei für uns bleibt. Für liebende Worte, zärtliche Gesten und Umarmungen. Nach einem Tag mit unserem Wirbelwind falle ich abends erschöpft ins Bett, und die Vorstellung einer leidenschaftlichen Liebesnacht erscheint mir momentan beinahe so absurd wie die Einladung, mit einer Raumfähre zum Mond aufzubrechen. Meine Begierde ist im Brei ertränkt, die Wollust im Windeleimer gelandet. Zwischen Spucktüchern und Stilleinlagen schlafe ich todmüde mit Frederik im Arm ein anstatt in deinem. Selbst wenn ich zurzeit beim ersten Kontakt mit der Matratze in komatösen Schlaf falle – ich sehne mich nach dir und vermisse deine körperliche Nähe so sehr! Wer hätte gedacht, dass so ein kleiner Mensch unsere Tage und vor allem unsere Nächte so sehr verändert! Manchmal bin ich traurig darüber, aber ein Lächeln von Frederik, und alles ist vergessen. Er hat deine türkisblauen Augen und beim Lachen das gleiche Grübchen auf der linken Wange. Und ich weiß, warum ich mich damals sofort in dich verliebt habe! Ganz nah ist plötzlich das Gefühl der ersten Verliebtheit, die Erinnerungen an romantische Abende und schlaflose Nächte ganz anderer Art …

So schnell wächst unser kleiner Rabauke heran. Und schon bald, da bin ich ganz sicher, wird es in unserem Leben wieder Zeit für uns beide geben. Bitte hab ein wenig Geduld mit mir.

In Liebe

Jana

Als ich den Brief las, musste ich weinen. Es tut mir heute noch weh und leid, wenn ich an all die Dinge denke, die ich meinem Mann an den Kopf geworfen habe – erschöpft, müde, manchmal verzweifelt und vor allem gedankenlos. Wir gaben beide unser Bestes, aber es fehlten mir – uns beiden – die Worte, dies auch auszudrücken. Ich konnte mir vorstellen, wie belastend und anstrengend es sein musste, plötzlich allein die Verantwortung für den Familienunterhalt zu tragen, aber ich habe mich nie bedankt dafür. Und umgekehrt hat es mich verletzt, dass er die Nächte, die ich mir neben einem spuckenden Kleinkind um die Ohren schlug, nicht einmal erwähnte.

Zurück aus der Notaufnahme, verwandelte sich das verletzte Hyperstrahl-Attacken-Opfer in Sekunden in einen Piraten, der stolz mit seiner Augenklappe und einem Säbel durchs Haus tobte. Das nenne ich mal »aus der Not eine Tugend machen«. Ich dagegen fühlte mich wie vom Liebesschwert niedergestreckt. Da konnte ich eine Menge lernen von meinem Sohn.

5

Gehen oder bleiben,
das ist hier die Frage

Should I stay or should I go …
Der Weg zum Aufbruch ist mit Ängsten und
Albträumen gepflastert. Warum habe ich eigentlich
nicht meinen empathischen Eheberater geheiratet?

»Papa soll nicht gehen!« Theo stand mit zwei Koffern in der Hand in der Haustür. In der Einfahrt wartete schon sein Umzugswagen. Justus warf sich auf den Fußboden und klammerte sich heulend an Theos Bein fest. »Bitte, bitte, lass mich nicht allein!«

Ich schreckte aus dem Schlaf. Orientierungslos. Tränen liefen über mein Gesicht. Ich war von meinem eigenen Schluchzen aufgewacht. Schnell guckte ich zu Theo, der ganz entspannt neben mir lag, gleichmäßig atmete und tief und fest schlief. Es war zwei Uhr nachts, und ich war hellwach. Leise schlich ich mich aus dem Schlafzimmer und trat eine Etage tiefer ins Kinderzimmer.

Ahnungslos und friedlich schliefen die Jungs, Jonah mit seiner Spieluhr im Arm, Justus freigestrampelt neben seinem Teddy Timmi. Ich deckte Justus zu und drückte beiden vorsichtig einen Kuss auf die Stirn. Dann taperte ich in die Küche und machte mir eine heiße Milch mit Honig.

Meine Mutter schwört darauf als Hausmittel bei Schlafproblemen. Aber ich zweifelte daran, ob das Rezept auch bei mir und meinen Sorgen helfen würde. Eine halbe Stunde später schlich ich zurück ins Schlafzimmer, drehte das nasse Kopfkissen um und legte mich wieder neben Theo ins Bett …

Als mir dämmerte, dass das mit Theo und mir vielleicht nix würde mit dem »Bis dass der Tod uns scheidet«, geriet ich in Panik. Meine Eltern hatten sich scheiden lassen, die Familie war auseinandergebrochen, und ich hatte mir geschworen, es besser zu machen. Und jetzt? Liebe und Familienglück waren außer Kontrolle geraten, mein Lebenstraum in Gefahr: Theo und ich, wir hatten uns verändert. Jeder für sich und beide miteinander. Statt wie früher gemeinsam zu kochen, ins Kino zu gehen oder kuschelnd unter der Wolldecke auf dem Sofa zu liegen, stritten wir uns oder, noch schlimmer, sprachen gar nicht miteinander. Ich sah uns mit Vollgas auf die Wand zurasen und bekam den Wagen nicht unter Kontrolle.

Sollte ich wirklich aufgeben, was ich mir am meisten gewünscht hatte im Leben – meine ureigene »heile« Familie? Gab es einen Rettungsschirm oder einen Schleudersitz? Und wie würden unsere Söhne den Aufprall überleben, wenn ich die Notbremse nicht fand? Wenn ich jetzt nicht kämpfte, hätte ich dann nicht das Lebensglück unserer Söhne auf dem Gewissen?

Ich kannte natürlich auch andere Frauen in ähnlichen Situationen, die in traurigen Ehen erstarrten und verkümmerten, täglich von Gedanken gepeitscht wie: »Ich kann meinen Kindern doch nicht ihren Vater nehmen«, »Werden die Kinder jemals die Trennung verkraften oder ein Leben lang darunter leiden?«

Zu all den Fragen, die ich mir stellte, kamen praktische Erwägungen und weitere Selbstvorwürfe. Die Familienwohnung könnte ich allein nicht halten. Durfte ich meine Kinder aus dem vertrauten Umfeld reißen?

Schon bei dem ersten Gedanken an Trennung überwältigen uns Frauen Schuldgefühle. Vielleicht, weil wir in dem Moment, in dem wir den Kreißsaal mit unserem Baby auf den Arm verlassen, so voller Liebe für dieses Wesen sind, dass wir sofort all unsere Bedürfnisse zurückstellen. Und das wird uns ja auch seit Generationen vorgelebt: Eine gute Frau ist zuerst für Mann und Kinder da und denkt nicht nur an sich. Jahrelang verdrängen viele von uns die eigenen Interessen, fixieren sich ganz auf das Familienglück und fühlen sich verantwortlich für das Wohlergehen der Kinder. Und dann sollen wir das plötzlich alles aufgeben? Doch was ist die Alternative? Jahrzehntelang an einer Partnerschaft ohne Liebe festhalten?

Quälten mich damals ausnahmsweise keine Albträume, lag ich nachts stundenlang wach, grübelte und versuchte zu analysieren: Was war passiert mit uns und in welchem Moment? Gab es einen allerersten Tag, an dem es sich plötzlich anders anfühlte? Ich versuchte mich zu erinnern. »Du hast den Abschiedskuss vergessen«, hatte ich früher häufig lachend gesagt, nur um noch einen vierten, fünften und sechsten zu bekommen. Da fiel es uns noch schwer, überhaupt das Haus zu verlassen und nicht wieder im Bett zu landen. Irgendwann tauschten wir Küsse aus, die nur in die Luft gehaucht waren, und ohne uns dabei anzusehen. Und nachts blieb Platz für zwei Kinder zwischen uns, selbst wenn die Jungs in ihren eigenen Betten schliefen. Vielleicht hätte ich ihn am Kragen packen sollen: »Stopp! Keiner verlässt ungeküsst das Haus!« Aber wir ignorierten die Zeichen. Warum gelang es uns nicht zu reden, uns aneinander festzuhalten, das Unheil abzuwehren, bevor der letzte Schmetterling im Bauch elendig verendet war? Im Grunde passierte all das »einfach so« – die Dinge änderten sich unbemerkt und ungewollt. Wie eine sich schleichend verschlimmernde, chronische Krankheit. Und wie es aussah, konnten wir die Sache nicht doch noch umdrehen, auf der Schussfahrt wenden …

Ich dachte an die Geschichte mit Alison aus Amerika, eine Freundin hatte sie mir vor einigen Jahren erzählt. Ihr Bruder hatte Alison auf einer USA-Reise in San Francisco kennengelernt, und die beiden hatten sich sofort ineinander verliebt. Schon bald hatte er ihr einen Heiratsantrag gemacht. Bevor sie diesen allerdings annahm und sich entschloss, ihre Heimat zu verlassen, arbeitete sie mit ihren Schwestern einen Fragebogen aus, den ihr zukünftiger Mann ausfüllen sollte. Er tat das ebenso ernsthaft wie sorgfältig. Es gab Fragen zur Religion, zum Kinderwunsch, zur Kindererziehung, zu Treue, Lebens- und Luxusansprüchen, über die Reisefreudigkeit bis hin zur Badehose. Denn ein Mann, der statt Boxershorts eine »banana hammock« liebte, also eine superenge Badehose Marke »Bananenschaukel«, kam für Alison nicht infrage.

Damals erschien mir dieser Fragebogen absurd, unromantisch, gefühllos. Heute sehe ich das etwas anders. Ich glaube, dass Alison sehr klug und vorausschauend handelte. Weil es, sobald die Hormone sich beruhigt haben, wichtig ist, sich in den wesentlichen Dingen zu verstehen. Im Übrigen gehören die beiden zu der überschaubaren Anzahl an Paaren, die noch immer glücklich zusammen sind.

»Glaubst du, Beziehungen würden besser funktionieren, wenn man vorher Gemeinsamkeiten, Werte und Wünsche abgleicht?«, fragte ich meine Mutter wenig später, während wir bei Schneeregen und Wind an der Elbe entlangspazierten. Meine Mutter, eingemummelt in einen knallroten Anorak (»Gedeckte Seniorenfarben tragen die Alten!«), präsentierte mir wieder einmal eine ihrer Lebensweisheiten: »Ein reifer Apfel fällt vom Baum – auch wenn der falsche Korb daruntersteht.« Nach einer kurzen Pause fügte sie hinzu: »Im Rausch der Glückshormone vergessen leider viele Verliebte, den Korb zu prüfen. Augen auf bei der Partnerwahl!, kann ich nur immer wieder betonen.« Sie seufzte. »Hätte ich bloß genauer hingeschaut, als ich Wotan kennenlernte. Aber ich habe mich ja damals sofort von einer Sekunde auf die andere in diesen großen, stattlichen Mann verliebt«, vertraute sie mir an. »Wotan hat mich mit seinen Komplimenten so eingewickelt, dass ich einiges übersehen habe. Am Anfang reichte die Verliebtheit, aber dann … Was soll ich sagen, Kind: Nur Sex und Karten spielen reichen dann eben auf Dauer doch nicht für eine glückliche Partnerschaft. Ich habe mich am Ende zu Tode gelangweilt und mich getrennt. – Habe ich dir eigentlich schon die Geschichte von dem Gerichtsvollzieher erzählt?« Mit zunehmendem Alter war meine Mutter immer offener geworden und plauderte zum Thema Liebesleben gern mal aus dem Nähkästchen. Und ich war häufig überrascht, was sie dabei offenbarte, aber die Gerichtsvollzieher-Geschichte hatte ich schon hundertmal gehört. Der Versuch, meine Mutter zu stoppen, war allerdings sinnlos, wie so oft. Also ließ ich sie erzählen, während ich ein Containerschiff beobachtete, das im Nebel Richtung Hafen fuhr.

»Er kam zum Pfänden in unser Büro, als dein Vater und ich wegen einer dummen Sache einmal in eine Finanzkrise geschlittert waren. Statt aber den Kuckuck auf die Wertgegenstände zu kleben, wollte er lieber mich mitnehmen.« Sie lachte. »Er lud mich ein, mit ihm in seiner Privatmaschine nach Sylt zu fliegen. Aber ansonsten war der nicht so spannend. Deshalb passe ich jetzt auch genau auf, auf wen ich mich einlasse.« Einmal im Redefluss, war sie nicht mehr zu bremsen. »Also, der Herr Meyer zum Beispiel aus dem Nachbarhaus. Ein wirklich gebildeter Mann und absoluter Gentleman. Er will ständig mit mir Mittag essen, und manchmal mache ich ihm die Freude, aber mehr ist da nicht drin von meiner Seite. Du verstehst: rein plantonisch. Alles platonisch. Der passt nicht zu mir. Ich brauche einen Mann, der aktiv und unterhaltsam ist. Eben so wie dein Vater, damals, als ich ihn kennenlernte ...« Auch diese Geschichte konnte ich mittlerweile mitsprechen. Trotzdem war es immer wieder schön, ihr zuzuhören, wenn sie erzählte, wie sie ihre große Liebe auf dem Tennisplatz gesehen hatte und sofort wusste: der oder keiner. Aber Liebe allein ist eben leider keine Garantie dafür, dass es auch funktioniert. Er hatte sie betrogen, verletzt und sehr unglücklich gemacht. Und irgendwann hat sie ihn verlassen.

Der Satz meiner Mutter »Am Anfang reicht die Liebe, aber dann ...« ging mir nicht aus dem Kopf.

Auch ich hatte natürlich die eine oder andere Sollbruchstelle sofort erkannt – und ignoriert. Aus Liebe. Lieben bleibt ein unberechenbares Abenteuer und birgt immer das Risiko zu scheitern. Nix von wegen: Das gibt's nur im Roman ... Es gibt Tausende dramatische Liebesromane, weil es eben auch Tausende dramatische Liebesgeschichten gibt. Doch wie sollte es mit meiner weitergehen? Wer würde Theo und mir helfen können?

Als ich im Netz nach Eheberatern und Paartherapeuten suchte, stieß ich auf die Empfehlung, einen Beziehungsvertrag abzuschließen. Und zwar nicht nur den üblichen Ehevertrag, in dem das Paar sich auf Zugewinngemeinschaft oder Gütertrennung einigt, sondern einen, der sich mit Wünschen, Erwartungen, Hausarbeit und sogar mit Passagen zum Liebesleben beschäftigt. Denn so etwas gehe erfahrungsgemäß verliebt wesentlich einfacher, als wenn es schon krisele. Klang etwas abtörnend für Romantiker. Und für Theo und mich war es definitiv zu spät. Aber vielleicht konnte tatsächlich ein Eheberater helfen, über die Probleme zu sprechen, sie gemeinsam zu lösen und unsere Liebe zu reanimieren. Das war der Gedanke, der mir nach dem Kopfkissen-Umdrehen endlich in den Schlaf half.

Wie immer weckten uns die Kinder früh am Morgen. Ich machte mich mit den beiden auf den Weg zum Bäcker, damit Theo ausschlafen konnte. Meine Gedanken sprangen hin und her: Wo fand ich einen geeigneten Eheberater?

Würde ich Theo überreden können, sich darauf einzulassen? Und was würde uns dort erwarten?

Jonah in der Karre nuckelte zufrieden an seinem Schnuller, während Justus neben mir her tappelte und eine Frage nach der nächsten stellte: »Was passiert, wenn heute Nacht der Mond auf den Kindergarten fällt? Wer ist eigentlich stärker – Papi oder ein Feuerwehrmann?«

Aufgeregt zappelte er an meiner Hand, als wir die Bäckerei betraten. »Maaaami! Du hast doch einen Schniedel und ich eine Scheide, stimmt's?«

Er strahlte vor Begeisterung über seine neu erworbenen anatomischen Kenntnisse.

»Pssst«, flüsterte ich und schüttelte den Kopf in der Hoffnung, Justus damit zum Schweigen zu bringen.

Nachdem mein Sohn bereits an Weihnachtsmann, Osterhase, Schnullermaus und Zahnfee glaubte, hatte ich mir fest vorgenommen, nicht auch noch den Klapperstorch in unser Haus zu lassen. Also hatte ich das Buch »Ich entdecke meinen Körper« gekauft und versucht, dem wissbegierigen Kind mit bunten Bildern und wenigen einfachen Worten das Geheimnis um seine Entstehung nahezubringen. Das hatte ich jetzt davon.

Justus zerrte ungeduldig an meinem Arm. Er war nämlich keineswegs bereit, sich in seinem aufkeimenden Wissensdrang von einem Kopfschütteln ausbremsen zu lassen.

»Maaammmi! Jetzt sag doch mal!!!«

Ich spürte, wie mir das Blut ins Gesicht schoss. Natürlich war ich generell und auch gern bereit, meinem Sohn geduldig zu erklären, woher die kleinen Babys kamen. Aber musste es denn ausgerechnet in einer zwanzigköpfigen

Schlange beim Bäcker sein? Ich konnte mir leicht ausmalen, bei welchen Details er angelangt sein würde, bis wir endlich an der Reihe waren.

»Papi war ganz verliebt mit dir, und dann bin ich aus deinem Schniedel rausgekrabbelt, und ihr habt euch gaaanz dolle gefreut?!«

Ein Mann, der bereits seine Brötchentüte in den Händen hielt, starrte mich, das anatomische Wunder, neugierig an, bis ihn mein wütender Blick traf und er beschämt die Bäckerei verließ.

Auf einer Skala von eins bis hundert war mein Interesse, darüber zu sprechen, wie verliebt Papi und Mami gewesen waren, ungefähr bei minus fünf. Ich beugte mich zu Justus hinunter und flüsterte ihm so pädagogisch geduldig, wie es mir in diesem Moment möglich war, ins Ohr: »Nein, du hast einen Schniedel, und ich habe eine Scheide, und die Mamis bekommen die Babys.«

»Ach so! Ich Dummkopf!« Lachend schlug er sich mit der Hand an die Stirn. »Natürlich – Mamis haben eine Scheide. Das weiß doch jedes Baby.«

»Bitte schön?«

Der Mann vor mir hatte vor lauter Neugier über den weiteren Verlauf unserer Unterhaltung vergessen, seinen Brötchenwunsch zu äußern. Peinlich berührt drehte er sich zum Tresen um. Aber Justus war noch nicht fertig.

»Mami, darf ich mal sehen, wo ich bei dir rausgekrabbelt bin?«

Eine ältere Dame warf uns einen entsetzten Blick zu, verstaute ein Milchbrötchen in ihrem Hackenporsche und verließ kopfschüttelnd den Laden, während ein verdammt gut

aussehender Mann hinter der Sonntagszeitung hervor-
schaute und mir anzüglich zublinzelte.

Ich hatte genug von unserem Bäckerei-Aufklärungstalk.
Und floh aus dem Laden.

Beim Frühstück brabbelten die Kinder wie gewohnt, gaben uns die Möglichkeit, uns mit ihnen zu beschäftigen
und nicht miteinander reden zu müssen. Danach fuhr Theo
mit den beiden an den Elbstrand. Als die drei das Haus verlassen hatten, rief ich Natalie an. Ich erinnerte mich, dass
sie mir von einer Freundin namens Flora erzählt hatte und
wie begeistert diese von ihrem Paartherapeuten sei. Eine
Stunde später hatte ich ihre Telefonnummer und Flora am
Telefon. Es lebe das Frauennetzwerk! Sie erzählte, dass
Magnus und sie drei Stunden bei einem Paartherapeuten
verbracht hätten. Für mich waren die beiden das Traum-
paar: liebevoll, verliebt, immer im Gespräch. Wozu ein
Konfliktcoach?

»Weil es Unstimmigkeiten gibt, die immer wieder auf-
tauchen, die wir nicht in den Griff bekommen, die schlechte
Stimmung machen und unsere Liebe belasten«, erklärte
Flora. Ein guter Gedanke. Paarcoaching als Präventions-
therapie. Wie in der Gesundheitspflege. Es ist ja auch ziemlich blöd, erst dann zum Arzt zu gehen, wenn es einem
richtig schlecht geht.

Wären doch alle Männer so aufgeschlossen und reflek-
tiert wie Magnus! Aber Theo tickte eher wie viele seiner
anderen Geschlechtsgenossen: Private Liebesprobleme mit
einem Dritten zu besprechen erschien ihm ungefähr so ab-
strus wie nackt durchs Einkaufszentrum zu spazieren. So
nach dem Motto: Echte Männer machen keinen Seelen-

striptease. Therapie ist nur was für Weicheier. Gab es je einen Western, einen Thriller, in dem der Held therapeutisch betreut wurde? Echte Männer kriegen ihre Probleme allein in den Griff … Oder eben nicht.

Zwei Wochen später und nach endlosen Diskussionen (»Du bringst doch auch dein Auto in die Inspektion, bevor es einen Motorschaden hat …«) saßen wir uns schließlich auf zwei Sesseln bei Reinhold Zumkley-Münkel gegenüber. Mit verschränkten Armen, verstummt, verzweifelt, unendlich traurig. Ich spürte, wie mir Tränen in die Mundwinkel liefen. Und dennoch weigerte ich mich aufzugeben. Etwas zu erkennen ist das eine, es wahrhaben und umsetzen zu können etwas ganz anderes. Im Gegensatz zu Theo, dem nach einer Sitzung klar war, dass es wenig zu retten gab, und der deshalb beim nächsten Termin ganz einfach zu Hause blieb.

Ohne den Ehemann zu einer Paartherapie zu gehen ist, als würde man allein Polonaise tanzen oder versuchen, im Einzel beim Tennis hin und her zu flitzen, um sich selbst die Bälle zuzuspielen … Dass es mir damals nicht komisch vorkam, sagt viel über meinen Zustand aus. Ich war noch nicht so weit loszulassen. Wochenlang zerpflückte, beleuchtete und analysierte ich mit Reinhold Zumkley-Münkel meine Ehe. Dazwischen versuchte ich, in der lieblosen Heimatmosphäre zu überleben und für die Kinder zu funktionieren. Reinhold Zumkley-Münkel war der Grashalm, an den ich mich klammerte. Ich erzählte ihm, wie unsere Kinder unter unseren Spannungen litten, wie sie uns manchmal verunsichert ansahen, wenn wir am Frühstückstisch so lieblos miteinander umgingen und hin und wieder einen Streit anzettelten. Ich sprach von meiner Erschöpfung, aber auch von meinen Albträumen und der Angst, die Familie zu zerstören, und davon, wie weh es mir tat, wenn mein Mann scheinbar durch mich hindurchsah.

»Ich verstehe nicht, warum er einfach aufgibt. Ich verstehe nicht, warum wir uns nicht konstruktiv unterhalten können, warum er nicht bereit ist, etwas zu verändern, warum er meine Gedanken nicht nachvollziehen kann …«

Und ich vertraute ihm ein besonders trauriges und für mich einschneidendes Erlebnis aus dieser Zeit an: Ich hatte eines Tages meinen vierjährigen Justus ermahnt, weil er in einem sehr frechen Ton mit mir sprach. Seine Antwort: »Aber Papi redet doch auch so mit dir.« Was sollte mein Sohn lernen und mitnehmen in sein Leben? Dass so ein Umgang üblich ist?

Nach einundvierzig Freitagvormittagen setzte mir mein lieb gewordener Therapeut die pädagogische Pistole auf die Brust: »Jedes Mal erklären Sie mir in den ersten fünfundzwanzig Minuten ganz logisch, warum eine Fortführung Ihrer Ehe keinen Sinn macht, warum es für die Kinder und Sie besser wäre, friedlich allein zu leben. Die letzten zwanzig Minuten nutzen Sie dann, um sich und mich zu überzeugen, warum eine Trennung unmöglich ist. Das können wir noch jahrelang so weitermachen, aber …«

Wie mehrere Sonnen gleichzeitig ging mir auf, dass er recht hatte: Dem Pro und Kontra in Sachen Trennung war nach fast einem Jahr keine einzige Silbe hinzuzufügen, die ich nicht bereits hundertfach ausgesprochen hatte. Wenn man trotz aller Mühe ein Problem nicht lösen kann, dann muss man sich von dem Problem lösen. Es wurde Zeit, der

Realität ins Auge zu blicken: Es war wahrscheinlicher, dass George Clooney um meine Hand anhielt, als dass Theo und ich wieder zueinanderfinden würden. Ich weinte beim Abschied. Nicht nur wegen der beschlossenen Trennung, sondern auch, weil ich mich so an Herrn Zumkley-Münkel gewöhnt hatte. Er hatte mir geholfen, meine ziellos kreisenden Gedanken und das sinnlose Grübeln zu stoppen sowie Ängste und Emotionen zu sortieren. Und ich verstand in unseren Gesprächen vieles, was mir vorher nicht klar gewesen war. Vielleicht am wichtigsten war die Erkenntnis: Ja! Ich darf gehen. Nein! Ich bin keine schlechte Mutter, weil ich die Notbremse ziehe und eine Entscheidung treffe.

Am liebsten hätte ich meinen empathischen Eheberater geheiratet, stattdessen warf er mich jetzt aus seinem Nest.

Darling you got to let me know
Should I stay or should I go?
If you say that you are mine
I'll be here 'til the end of time
So you got to let me know
Should I stay or should I go?
The Clash

Gehen oder nicht gehen – das war nun keine Frage mehr. Probleme, die die Liebe belasten, kann man nur klären, solange es noch Liebe gibt. Theo und ich hatten den Zeitpunkt für eine Eheberatung verpasst. Keiner von uns hatte »Bitte bleib« sagen können.

Unsere Trennung war also unumgänglich und längst überfällig. Und endlich begriff ich auch, was mein geliebter

Eheberater mir monatelang versucht hatte zu erklären: Natürlich ist eine Trennung für Kinder ein Schock, und es braucht Zeit, Liebe und Geduld, um sich an die neue Situation zu gewöhnen. Aber eine Scheidung kann auch eine Entlastung für Kinder sein. Sie spüren sowieso, dass etwas nicht stimmt mit den Eltern. Und vielen Kindern geht es danach besser als solchen, deren Eltern die Trennung ihretwegen nicht vollziehen oder die gar später zu hören kriegen: »Deinetwegen bin ich immer geblieben …«

In Gedanken versunken fuhr ich von meinem letzten Eheberatungstermin nach Hause. Fast hätte ich übersehen, dass ich so gut wie kein Benzin mehr im Tank hatte. Mit den letzten Tropfen rollte ich zur Tankstelle.

Als ich zu Hause ankam, blinkte der Anrufbeantworter. »Hier PK 99, Langmeier. Laut Videoaufzeichnung haben Sie heute um 16:32 Uhr an der Esso-Tankstelle in der Elbchaussee getankt und sind ohne zu bezahlen davongefahren. Bitte melden Sie sich unverzüglich auf dem Revier.«

Vielleicht hätte ich Kommissar Langmeier mal fragen sollen, wo er bitte gewesen war, als Theo und ich gegenseitig unsere inneren Stoppschilder überfahren hatten?

Ich ließ es natürlich bleiben. Als verzweifelt wollte ich mich gern outen. Aber als irre? Reichte doch schon, wenn zur Benzinrechnung nun auch noch die Strafgebühr kam. Ich musste ja nicht auch noch Gefahr laufen, eingewiesen zu werden.

6

Trennung – von
»Und warum ist Papi gegangen?« bis
»Ihr wart doch so ein hübsches Paar!«

*Ein geplatztes Hochzeitskleid, zermatschte Bananen und
viele Fragen … Wie viel Wahrheit vertragen meine
Kinder? Wie gehe ich um mit all den liebevollen bis
absurden Kommentaren anderer? Und überhaupt:
Warum bedauern mich jetzt eigentlich so viele, mit
denen ich nie würde tauschen wollen?*

Vorsichtig versuchte ich, das schmale Etuikleid über meinen Po zu ziehen. Ein kurzer Anflug von Klaustrophobie überkam mich, als das Kleid endlich an vorgesehener Stelle saß, obwohl ich noch nicht einmal den Reißverschluss zugezogen hatte. Noch auf der Rückfahrt von Herrn Zumkley-Münkel hatte ich beschlossen, dass es keinen weiteren Tag Aufschub mehr für die Entscheidung gab. So lange ich diesen Moment hinausgezögert und vor mir hergeschoben hatte, so eilig hatte ich es nun, mit Theo zu reden – bevor mich am Ende erneut der Mut verließ.

Irgendwie muss es dir doch gelingen, deine fünfundsechzig Kilo in deinem Traum-in-Rot unterzubringen, zumindest für diesen letzten Auftritt!, sagte ich mir. Rot hatte ich für das Standesamt gewählt, weiß für die Kirche.

Was für eine schöne Braut ich gewesen war. Vor allem aber deutlich schlanker! Mein Körper war aus dem Hochzeitskleid herausgewachsen wie die Liebe aus unserer Ehe. Trotzdem: Für mich war an diesem Abend keine andere Garderobenwahl denkbar. Was mit Gospelchor und Gottes Segen begonnen hatte, verlangte danach, in einem angemessenen Rahmen beendet zu werden. Ich gebe ja zu, ich habe manchmal eine Neigung zu pathetischen Auftritten. Aber wenn's hilft …

Zentimeter für Zentimeter überredete ich den Reißverschluss, mich nicht im Stich zu lassen. Schon bei einem passenden Kleid ist es ein akrobatisches Kunststück, den letzten Teil des Verschlusses zwischen den Schulterblättern zu bewältigen. Ich fühlte mich wie mit fünfzehn, als ich wie alle anderen Mädchen in meiner Klasse versucht hatte, die Röhrenjeans in der Badewanne anzuziehen. Es dauerte eine geschlagene Viertelstunde, bis ich das Kleid geschlossen hatte. Hässliche Schweißflecken zeichneten sich unter den Achseln ab. Sogar leichtes Atmen brachte den prall gespannten Stoff in Lebensgefahr. Kerzengrade ging ich zum Kühlschrank, um den Champagner zu öffnen. Genau genommen, beruhigte ich mich, passte der etwas steife Gang zum Anlass.

Pünktlich wie jeden Abend öffnete Theo das Gartentor. Schritt für Schritt langsamer werdend, bewegte er sich auf das Haus und die Ehefrau, die sich darin befand, zu.

Nachdem er mich flüchtig begrüßt hatte, betrachtete er argwöhnisch meinen Aufzug und die beiden Gläser Champagner, die ich in der Hand hielt. Vielleicht befürchtete er ja ein weiteres emotionales Erdbeben und stundenlange Gespräche über Liebe und Versöhnung.

Ich trank einen Schluck Schampus, der mir sofort in den Kopf schoss. Mir wurde schwindelig. Aufgrund der Beengtheit im Brustkorb war ich zu einer leichten Oberflächenatmung übergegangen, die mir jetzt in Verbindung mit dem Alkohol zum Verhängnis wurde.

»Ich kann nicht mehr. Lass uns aufgeben«, hörte ich mich die gefürchteten Worte sagen und schmeckte Tränen auf der Zunge. Dann überkam mich ein hysterischer Lachanfall, der Sekunden später in einen Heulkrampf überging. Im selben Moment platzte das Hochzeitskleid. Timing ist alles.

Theo schaute mich an. Sein Blick war eine Mischung aus Überraschung, Traurigkeit, Erleichterung und Entsetzen über die Inszenierung. Er trank sein Glas leer und zog sich mit resigniertem Blick ins Gästezimmer zurück. Ich hörte Cat Stevens' »Father and Son«, trank den Rest der Flasche und schlief schließlich in meinem Hochzeitskleid ein, weil es mir nicht mehr gelang, den Reißverschluss zu öffnen.

Der Morgen danach war ein Samstag. Ich wachte auf, als Justus in mein Bett krabbelte.

»Und wo ist Papi?«, fragte er mich, während er mir die Haare streichelte. Ich hatte dicke Augen und einen Kater, der mit viel mehr als zu viel Alkohol zu tun hatte. Bei Justus' Frage spürte ich sofort wieder einen Kloß im Hals. Mit einem »Papi ist schon bei Oma. Sie braucht Hilfe im Garten« zog ich mich an diesem Morgen aus der Affäre. So hatten Theo und ich es abgesprochen, als er in aller Frühe das Haus verlassen hatte. Wir würden uns bemühen, weiterhin so vernünftig und freundlich wie irgend möglich das Haus zu teilen, und erst dann mit den Kindern sprechen, wenn wir uns und unser Leben etwas sortiert hatten. Wir wollten ihnen irgendeine tröstende Erklärung geben können auf all die vielen Fragen. Aber gab es die überhaupt?

Ein paar Wochen später fühlten wir uns so weit. Doch obwohl wir intensiv über das Gespräch mit den Jungs nachgedacht hatten, versagte mir mit einem Mal die Stimme. Wir saßen beim Frühstück. Theo bestrich mit traurig erstarrter Miene für Justus einen Toast mit Marmelade. Meinen Ehemann so leiden zu sehen, schnürte auch mir den Brustkorb zu. Ich selbst schälte, ferngesteuert wie eine Marionette, eine Banane für Jonah. Wie Hunderte Male zuvor.

»Mami und Papi verstehen sich nicht mehr so gut«, setzte ich an. »Ihr habt ja vielleicht gehört, dass wir manchmal streiten. Wir haben überlegt, dass wir nicht mehr zusammen in diesem Haus wohnen möchten und Papi ausziehen wird.« Ich hielt inne. Was redete ich da nur für einen Unsinn? Was vermittelte ich meinen Kindern durch diese Worte? Wenn man »manchmal streitet«, zieht man sofort aus?

Jonah stopfte sich ein Bananenstück in den Mund, Justus guckte uns verunsichert an. »Papi will ohne uns ausziehen? Das geht doch gar nicht!«, unterbrach er meine ungelenken Erklärungsversuche. In seiner Welt war eine Trennung unmöglich und jede Erklärung à la »Papi und Mami haben sich nicht mehr lieb, und deswegen ist es das Beste, wenn Papi auszieht« vollkommen überflüssig. Was erwarteten wir eigentlich? Verständnis? Die Absegnung unserer Entscheidung? »Das geht doch gar nicht …«

Ich rührte in meinem kalten Kaffee und kämpfte gegen die Tränen. Und wenn das, was »gar nicht geht«, eben doch passiert? Wie viel Wahrheit brauchen und vertragen Kinder? Wie viel Erklärung ist nötig, um ihnen zu vermitteln, dass ihre kleine Welt trotz der ungreifbaren Bedrohung nicht ganz und gar auseinanderbrechen wird? Mir war es wichtig, ihnen zu vermitteln, dass sie auf keinen Fall schuld an der Trennung waren. In vielen Situationen hatten sie unsere Erschöpfung und Streit erlebt, der »ihretwegen« zwischen uns ausgebrochen war. Ein »Kannst du nicht besser auf die Kinder aufpassen!«, wenn der Apfelsaft beim Spielen vom Tisch fiel oder sie die Autositze mit Nutella vollgeschmiert hatten …

Ich hielt Justus an beiden Armen fest und sah ihn aufmerksam an. »Wir haben euch sooo doll und für immer lieb, weil ihr nämlich die tollsten Kinder der Welt seid. Und wir werden immer für euch da sein. Ihr braucht keine Angst zu haben, weil Papi und Mami sich um alles kümmern und Papi ganz oft zu Besuch kommen wird und euch abholt und …«

Jonah zermatschte noch immer mit seinen kleinen Fingern die Bananenstücke. Mit seinen zwei Jahren verstand er nicht, dass gerade sein junges Leben neu erfunden wurde, aber ich spürte, dass er die Spannung wahrnahm. Justus guckte uns nur fassungslos an. Tränen rollten über seine Wangen.

»Du musst nicht weinen, weil …«, setzte ich hilflos an, um ihn zu trösten. Als ich sah, dass nun sogar Theos Mundwinkel verdächtig zuckten, verlor auch ich die Fassung. Was für ein Quatsch! Natürlich musste er weinen! Und dann weinten wir alle zusammen, hielten uns gegenseitig und die Kinder in den Armen.

Die traurigen, verunsicherten Gesichtsausdrücke der Jungs brannten sich tief in meine Erinnerung und verfolgten mich bis in den Schlaf. Zum Glück waren Theo und ich uns, was die Kinder betraf, zu hundert Prozent einig: Wir hatten als Paar versagt, aber Eltern-Sein ist was für immer! Wir hatten von so vielen grauenhaften Trennungsgeschichten in unserem Umfeld gehört: von Eltern, die dermaßen zerstritten waren, dass die Kinder auf Autobahnraststätten bei laufendem Motor übergeben wurden. Von Eltern, die kein Wort miteinander sprachen oder sich anschrien vor ihren weinenden Kindern. Von Müttern, die ihre Kinder jedes Mal zum Papi-Wochenende krankmeldeten oder die gar ganz mit ihnen verschwanden. Von Eltern, die ihre Kinder aus Wut und Enttäuschung gegen den Partner aufhetzten: »Dein Vater kommt zu spät, wie immer bist du ihm nicht wichtig.« Die das Kind als Druckmittel benutzten: »Wenn du dich nicht von deiner Freundin trennst, bekommst du das Kind nicht mehr zu sehen.« Manche Kinder durften ihre Kuscheltiere nicht mitnehmen ins Wochenende, weil sie dann nach der anderen Wohnung rochen …

Wir hatten uns geschworen, gemeinsam alles zu tun, um das Beste aus der verkorksten Situation für sie zu machen.

Zehn Tage später war Theo ausgezogen. Kein Streit mehr, keine Vorwürfe, keine endlosen Diskussionen – aber eben auch kein Ehemann und keine vollständige Familie mehr.

Es war fünf Uhr am Nachmittag, Justus und Jonah wirbelten durchs Wohnzimmer, als hätten sie zu lange auf einem Akku gelegen, und ich saß bewegungslos auf dem Sofa. Erschlagen, total überfordert.

»Wenn du ein Problem nicht lösen kannst, dann löse dich von dem Problem«, erinnerte ich mich. Aber mein Körper und meine Seele hatten sich noch nicht an das Leben »ohne Problem« anpassen können. Sie rebellierten gegen den Verlust mit ständigem Druck auf der Brust, mit einer Beklemmung, die mir den Atem nahm, mit Müdigkeit am Tag und Albträumen in der Nacht. Es gelang mir nicht, wieder in meinen Alltag zu finden. Die täglichen Arbeiten erschienen mir wie ein unüberwindbarer Berg, mir fehlte die Kraft für fröhliche Spielzeit mit den Kindern. Ich brauchte dringend Unterstützung, sehnte mich nach ein paar aufmunternden Worten.

Zum Glück hatte ich Natalie. Als es gar nicht mehr ging, rief ich sie an. Eine Stunde später stand sie mit einem Topf Bolognese und einem Schokoladenkuchen vor der Tür. Sie trocknete meine Tränen, massierte mir den Nacken, baute Türme mit den Jungs und war einfach ein Segen. Geduldig ließ sie meinen Worttrauererguss über sich ergehen, bevor sie mich unterbrach: »Du kochst dir jetzt einen Kräutertee, holst die Trüffelschokolade aus dem Schrank, nimmst beides mit ins Badezimmer, machst dir ein Fußbad, und dann gehst du ins Bett. Ich kümmere mich um diese beiden«, fügte sie hinzu, schnappte sich Justus und Jonah und drückte sie.

Ich weiß nicht, wie ich die ersten Wochen ohne sie überlebt hätte, und ich wünsche allen verzweifelten Frauen eine Natalie. Weniger hilfreich allerdings waren die Kommentare und Tipps von Nachbarn, Tanten oder Bekannten, mit denen ich mich auseinandersetzen musste.

Hier eine Hitliste der Bemerkungen, die das Schlimme nur noch schlimmer machten:

»Aber ihr wart doch so ein hübsches Paar!«
Offensichtlich ein Klassiker. Jedenfalls habe ich das bestimmt hundert Mal hören müssen. Zu hübsch für die ewige Liebe? Oder nicht hübsch genug für eine dauerhafte Ehe?

Was, um Himmels willen, spielte es für eine Rolle, wie wir optisch zusammenpassten! Ausschlaggebend war doch, wie traurig es aussah hinter dieser »hübschen« Fassade. Keiner fragte: Warum wart ihr so verzweifelt miteinander? Was hat euch so traurig und mutlos gemacht, dass ihr aufgegeben habt?

»Vergiss nicht, wie schwierig es war mit euch!«
Danke, Steffi! Aber genau das versuchte ich ständig: zu vergessen. Um endlich aus meinem Gedankenkarussell auszusteigen und wieder schlafen zu können. Die verletzenden Streitereien, die nicht zu begreifende Entfremdung – all die traurigen Eheszenen gedanklich in Dauerschleife durchzuspielen, machte »richtig gute Stimmung«.

»Die Zeit heilt alle Wunden!«
Welch eine kreative, neue Erkenntnis von Tante Klara! Sollte ich mich mit den Kindern einfrieren lassen, bis es so weit war und der Schmerz endlich nachließ?

»Du bist ja noch jung. Sicher findest du eines Tages einen neuen Partner.«
Klar, Tante Erika hatte ihren Traummann auch erst mit

siebzig kennengelernt. Sex wird völlig überbewertet, und ein paar kühle Jahrzehnte ohne Liebe sind ja schnell vergangen. Wie heißt es so treffend? Auch der Herbst hat seine schönen Tage: romantische Busfahrten mit Heizdeckenverkauf, die erste künstliche Hüfte, sich liebevoll die Essensreste aus den Mundwinkeln wischen … Und das sollte mir helfen, über das Scheitern meiner Ehe hinwegzukommen?

»Hast du bei der Trennung eigentlich auch an die armen Kinder gedacht?«
Meine absolute Nummer eins. Danke dafür. Wie schnell vergisst eine Mutter, dass sie zwei Söhne hat? Na?
Ich hätte mir die rechte Hand abgehackt, um ihnen diesen Schmerz zu ersparen.

An dieser Stelle bitte ich inständig alle, die in Zukunft an Trennungen Anteil nehmen, etwas länger zu überlegen, was einen verzweifelten Menschen wirklich aufmuntern könnte. Kleiner Tipp: An erster Stelle stehen alle Maßnahmen gegen die Einsamkeit.

Nach der Trennung stellte ich schmerzlich fest, dass ich nicht mehr so regelmäßig zu privaten Essen eingeladen wurde wie früher. Als Single passte ich plötzlich nicht mehr zu den fröhlichen Pärchenabenden. Oder wurde ich nicht eingeladen, weil ich eine Entscheidung vorlebte, die für viele bedrohlich war? Vielleicht war ich ja eine Trägerin des gefährlichen Scheidungsvirus, und Paare, deren Liebesimmunsystem bereits geschwächt war, fürchteten die Ansteckung. Vorstellen konnte ich es mir.

Häufig fragte ich mich auch, warum mich eigentlich so viele Frauen bedauerten, mit denen ich nie hätte tauschen wollen.

Andrea litt darunter, dass Hartmut ihr nicht »erlaubte«, wieder halbtags ihren Traumberuf auszuüben, weil »eine Frau zu den Kindern gehört« – auch wenn diese längst auf dem Gymnasium waren.

Sabine durfte am Abend nur mit einer Freundin ins Kino gehen, wenn Thomas selbst etwas vorhatte.

Jessica vertraute mir an, dass sie seit mehr als fünf Jahren keinen Sex mehr mit Klaus hatte und sich eine Weiterführung der Ehe auch nur vorstellen könnte, wenn das so blieb.

Katinka blieb bei Bauträger-Ben, obwohl sie ihn neulich mit einer neunzehnjährigen Praktikantin in einem seiner Musterhäuser erwischt hatte. »Er hat sich ja entschuldigt, es war nur ein Ausrutscher«, erklärte sie mir unter Tränen. Klar. Mein Kater war eigentlich auch an Trockenfutter gewöhnt und guckt jetzt jedes Mal ganz schuldbewusst, wenn er wieder eine halb aufgefressene Maus vor die Haustür legt. Sind halt Ausrutscher.

Was mich außer den Jungs und Natalies Fürsorge in meiner Post-Partnerschafts-Panik aufmunterte, waren nicht die ausgelutschten Trost-Plattitüden von Tante Klara und Co., sondern der Gedanke an solche Beziehungen. Lieber würde ich mein Leben lang die Abende mit einer Flasche Chardonnay auf dem Sofa verbringen, als mit Männern wie Hartmut, Thomas oder Ben Bett und Leben zu teilen.

7

Aufbrezeln statt abheulen

*Das erste Mal ohne Kinder. »Das wird bestimmt
ein tolles Wochenende …« – Wer's glaubt, wird selig.
Die Einsamkeit verschluckt mich wie der weiße Hai
die Dame auf der Luftmatratze. Was hilft? Rein ins
Nachtleben. Blöd ist nur, wenn man beim ersten
Barbesuch gleich ohnmächtig wird.*

»Bestimmt hat Papi euch schon viel von der neuen Wohnung und dem Kinderzimmer erzählt«, startete ich einen
Versuch, Justus und Jonah auf das bevorstehende Wochenende bei Theo vorzubereiten. Die ersten Wochen nach seinem Auszug war er regelmäßig zu uns gekommen, um die
Kinder zu sehen, oder hatte sie für ein paar Stunden mitgenommen, aber nun hatte er eine Wohnung, und die Kinder
würden künftig regelmäßig an den Wochenenden auch bei
ihm sein.

Zwei Augenpaare blickten mich ernst an. Ich tauchte das
Messer tief in das Nutella-Glas, senkte es auf eine Brötchen-
hälfte und konzentrierte mich auf das gleichmäßige Auftra-
gen der dicken Creme.

»Ihr werdet bestimmt ganz viel Spaß haben und zwei
tolle Tage verleben«, fuhr ich fort.

»Kannst du denn wirklich nicht mitkommen?«, fragte

Justus mit einem leichten Zittern in der Stimme. Gegen den Kloß in meinem Hals strich ich weiter Nutella auf Brötchenhälften. Inzwischen war ich bei acht angelangt.

Und dann war es so weit. Die Jungs hatten neben der Tasche mit den Klamotten noch einen kleinen Rucksack gepackt. Jonah hatte seine Spieluhr mitgenommen, Justus seinen Lieblingsteddy. Theo trug die Tasche zum Auto, ich trottete hinterher und versuchte, ein fröhliches Gesicht zu zeigen, um den Jungs den Abschied nicht noch schwerer zu machen. Wir umarmten uns ein letztes Mal, dann schnallte Theo die Jungs auf ihren Kindersitzen an und stieg ins Auto. »Und am Sonntag erzählt ihr mir, was ihr alles Spannendes gemacht habt, welche Farbe das neue Zimmer hat und wie euer Hochbett aussieht und die Schaukel im Garten. Und dann essen wir Pizza mit Salami und kuscheln und …«

Theo startete den Motor. Ich hauchte auf das Fenster, durch das die Jungs mich ansahen, malte ein Herz darauf und lief ein paar Meter mit eingefrorenem Lächeln neben dem Auto her. Ich winkte und warf Handküsse, bis Theo mit meinen Kindern um die Kurve verschwand. So gerade noch schaffte ich es ins Haus, bevor sich die Schleusen für einen Heulkrampf öffneten.

Zwei leere, lautlose Tage lagen vor mir. Schon im Alltag waren die Stunden allein schwer zu ertragen. Abendessen, Badewanne, Gutenachtgeschichte, Schlaf, Kindlein, schlaf … Die Stille am Abend war ohrenbetäubend. Die Stunden, nachdem die Jungs eingeschlafen waren, entpuppten sich als die schlimmsten des Tages. Dann versuchte ich,

Einsamkeit und düstere Gedanken in Wein zu ertränken und die Löcher in meiner Seele mit Milchreis oder Schokolade zu füllen. Seit der Trennung bekam ich keine vernünftige Mahlzeit mehr herunter.

Allein sein, ein ganzes Wochenende ganz für sich haben – für viele Mütter, die sieben Tage die Woche im Familienleben eingespannt sind, klingt das nach neuer Freiheit und Luxus pur. Aber es ist wie beim Arbeitslos-Sein. Richtig genießen kann man die gewonnene Freizeit nur, wenn wieder ein Job in Aussicht ist. Für mich war die erzwungene Stille unerträglich. Und überhaupt: Was war denn schon mit meinen Interessen? Ich war jetzt so lange im Mutter-Modus, dass ich mich gar nicht mehr erinnern konnte, welche ich eigentlich hatte …

Ich holte mir eine Tafel Trüffelschokolade aus dem Schrank, setzte mich aufs Sofa und schaltete die Glotze an – mitten am Tag. Es lief eine Liebesschnulze, eine von der Sorte, bei der im Kino alle Frauen weinen: die hübsche Heldin auf ihrem steinigen Weg ins Glück. Ansehnlich dekoriert lag sie auf dem Sofa, schob sich (ertappt!) Berge von Pralinen in ihren süßen Schmollmund, spülte mit Schaumwein und niedlichen Kullertränen ihr Liebesleid hinunter. Und dann, pling!, blinzelte die Liebe in Gestalt eines wundervollen, verständnisvollen Adonis auch schon um die Ecke und rettete das Mädchen. Während Männer denken, alle Frauen weinten beim Schauen solcher Filme aus Rührung und Sentimentalität, glaube ich eher, dass bei einigen die Tränen aus der unendlichen Sehnsucht nach der großen Liebe laufen und der Erkenntnis, dass es diese für sie leider nur im Kino gibt. Sie weinen, weil neben ihnen ein Mann sitzt, mit dem es schon lange nicht mehr so läuft, wie sie es sich einmal vorgestellt haben. Und weil das Leben sich manchmal sehr ungerecht anfühlt.

Wer sollte mich retten? Ich sah nicht die Spur niedlich aus, weder heulend auf dem Sofa noch mit verquollenen Augen danach. Warum gab es eigentlich keine Filme, in denen die Frau am Ende allein bleibt, weil sie es schön findet, oder vergnügt in eine Frauen-WG zieht oder reich und berühmt wird und sich ein Dutzend Liebhaber hält? Das würde unfreiwillige Single-Frauen zumindest für wundervolle neunzig Minuten ein paar Zentimeter weiter weg von der tränenreichen Verzweiflung rücken.

Aber nein. Immer den Finger tief in die Wunde: Film für Film lernen wir, dass eine Frau erst glücklich und vollkommen ist, wenn sie »ihre bessere Hälfte«, den »Einen«, den richtigen Mann gefunden hat.

Ich raffte mich auf und ging einkaufen, um schon mal die Zutaten für das Abendessen mit den Jungs am Sonntagabend zu sichern. Als ich das Zeitschriftenregal erreichte, blieb mein Blick an einer Frauenzeitschrift hängen: »Wie Sie ihn garantiert rumkriegen – 25 erotische Signale, denen kein Mann widerstehen kann.«

Also echt! Wer gab schon Geld für so einen Blödsinn aus?

Zwei Minuten später drehte ich um und kaufte das Magazin, eine Stunde später lag ich wieder auf meinem Sofa und las über die Kunst und den Effekt erotischer Bewegungen und vor allem die Möglichkeit, diese zu erlernen. An einem einzigen Wochenende schon würde ich den Dreh raushaben, mich so lasziv auf dem Piano zu rekeln wie Michelle Pfeiffer in *Die fabelhaften Baker Boys,* und künftig allein schon durch meine verführerischen Bewegungen reihen-weise Männerherzen zum Glühen zu bringen. Benno Bachmann, Sänger und Regisseur, bot zweitägige Workshops an, in denen frau Stimme und Körper auf eine sexy Wirkung hin schulen konnte. Im Text verriet Benno schon einen seiner Tricks: »Lassen Sie die Hände langsam von unten nach oben, vom Knie über die Oberschenkel bis zum Kopf wandern, und streichen Sie sich durch die Haare.«

Automatisch führte ich die Bewegung aus. Im Anschluss waren Orte und Termine aufgelistet, an denen sich Lieschen bei Benno zur Lolita ausbilden lassen konnte. Ich seufzte. Wer niemanden hat, kann auch niemanden rumkriegen. Vielleicht wurde es Zeit, mich endlich mal wieder unter Menschen zu mischen und auf den Männermarkt zu werfen? Trüffelschokolade und Weißwein waren auf Dauer jedenfalls nicht die Lösung. Das Glück währte nur kurz, das Fett dafür lang … Da wollte ich doch lieber der Empfehlung der Band Geier Sturzflug folgen: »Ja, ja, ja, jetzt wird wieder in die Hände gespuckt!« Das predigte Natalie mir ohnehin schon seit Wochen.

Ich rief sie an, denn allein traute ich mich nicht ins Nachtleben. Um Punkt 18 Uhr stand sie in Hochstimmung vor meiner Tür und schleppte einen Koffer in den Hausflur, der vermuten ließ, sie würde bei mir einziehen wollen.

Außer einer gewaltigen Auswahl an Klamotten für den Abend hatte sie eine Flasche Champagner, zwei Feuchtigkeitsmasken für die reife Haut, Totes-Meer-Salz-Peeling und zwei Überraschungseier für die Jungs mitgebracht. Als wir alles – außer den Schokoladeneiern natürlich – vernichtet hatten, zogen wir los.

»Ich war noch nie in einem Sexshop.« Wir hatten bei Pavarotti gegessen und schlenderten über die Reeperbahn, unschlüssig, wie wir den weiteren Abend verbringen sollten, als Natalie mich unvermittelt mit ihrer Beichte überfiel. Auch ich kannte die Läden nur vom Vorbeifahren. Noch bevor ich lange überlegen konnte, ob dies eher ein Gewinn oder Verlust war, hatte Natalie mich schon untergehakt und entschlossen in Richtung des rot beleuchteten Schaufensters gezogen.

»Prickelnde Erotik für lustvolle Momente«, lockte die Reklame. Eine lebensgroße Gummipuppe mit Gasmaske lächelte uns an – soweit es ihr eben möglich war, unter einer Gasmaske zu lächeln. »Ein Euro«, knurrte uns der Türsteher an, der den Eingang zum Lustparadies versperrte und nicht gerade dazu diente, erotische Fantasien zu beflügeln. Er hielt uns seine tellergroße tätowierte Hand, die mit Panzerarmband und Totenkopfring geschmückt war, vor die Nase. »Als Pfand«, nuschelte er. »Hält uns die Gaffer vom Leib.«

Eine Minute später waren wir drin. »Slave of Desire«, »Das Gummi-Institut«, »Doktor Erotik« und »Schwarze Träume«, lockten die Titel der Videokassetten und Hochglanzmagazine im Zeitschriftenständer am Eingang. Die dazugehörigen Abbildungen und Illustrationen vermittelten mir zum ersten Mal ein Gefühl tiefer Erleichterung, seit Monaten überhaupt keinen Sex gehabt zu haben.

»Perfekt Peter – Pumpdildo XL – 15 statt 25 Euro«, präsentierte ein Schild das Sonderangebot der Woche über einem riesigen Tisch mit Hunderten von unterschiedlichen Dildos. Schwarz, fleischfarben, groß, klein, mit Noppen und ohne, billig oder teuer.

»Die schwarzen sind für die Schwulen – wegen hinten und so«, klärte mich Natalie in ihrem Ich-bin-Apothekerin-und-weiß-alles-Ton auf. Und das in einer Lautstärke, als wollte sie vor dem gesamten Publikum der »Boutique Bizzare« einen Vortrag halten.

Seit ihrem Pharmazie-Studium hatte Natalie sich von jeglichen Tabuthemen verabschiedet. Egal, ob es um Sexualpraktiken oder Darmspülungen ging: Sie dozierte hemmungslos und in einem Plauderton darüber, als tauschte sie sich über Backrezepte aus.

»Also, ich habe ungefähr so einen.« Natalie schwenkte ein mittelgroßes Latexmodell vor meiner Nase herum.

»Meine Güte!« Ich hatte eine fleischfarbene Dildo-Mutation entdeckt, die alles in allem mindestens einen halben Meter lang war. »Wer um Himmels willen …«

Natalies ungläubiger Blick löste sich in einem Lachkrampf auf. »Das«, keuchte sie, »ist eine Lampe!«

Der Boden möge sich öffnen und mich Ahnungslose verschlucken!, dachte ich, da verschwand Natalie hinter dem nächsten Regal und tauchte mit einer Handvoll Liebeskugeln wieder auf. Sie sahen zwar etwas anders aus als die Modelle, die mir die Hebamme nach der Geburt zur Wiederertüchtigung der Beckenbodenmuskulatur empfohlen hatte, aber zumindest hatte ich sie schon mal im wirklichen Leben gesehen.

»Für alle Fälle Schwester Chassey«, bot eine blond gelockte Gummidame ihre Dienste an, deren offen stehender Mund mich spontan an einen Badewannenabfluss erinnerte. Wir rochen an Liebeselixieren, probierten Perücken und stöberten in der Auswahl exotischer Dessous. Zum

Abschluss kauften wir beide die Garnitur »Emmanuelle«, Natalie in Schwarz und ich in Rot.

In der Bar gegenüber tranken wir Astra aus der Flasche und begossen unsere ergatterten Schätze. Es war rappelvoll an diesem Freitagabend. Die Musik dröhnte, die Luft war warm und stickig von der Menge schwitzender Menschen, die sich auf der Tanzfläche drängten und unter die wir uns ebenfalls mischten. Ich überlegte, wie viele andere Mütter sich wohl am Freitagabend in Sexshops und Bars auf der Reeperbahn vergnügten … und fühlte mich plötzlich frei und großartig. Da entdeckte ich auch noch einen extrem gut aussehenden Mann, der mich bewundernd musterte.

Sein Blick glitt an meinem engen Stretchkleid hinunter, dann weiter über die schwarzen Strümpfe und blieb an meinen hohen Pumps hängen. Ich hatte fast vergessen, wie gut sich das anfühlte. Kaum standen Natalie und ich wieder glücklich verschwitzt am Tresen, kam er mit einem Glas in der Hand auch schon zu uns rüber.

»Ich bin Manfred. Hast du Lust auf einen Wodka-Lemon?«, schrie er mir ins Ohr. Ich war mir ziemlich sicher, dass das keine so gute Getränkewahl war – nach dem Schampus und den Bieren –, aber ich wollte meinen Bar-Aufriss auf keinen Fall in seinem Enthusiasmus bremsen. Außerdem hielt Natalie, die sich diskret zurückgezogen hatte, ihren Daumen nach oben und nickte aufmunternd. Eine Weile standen Manfred und ich einfach nur stumm nebeneinander und blickten uns lächelnd in die Augen. Ein Gespräch war bei der Lautstärke ohnehin nicht möglich. Dann legte er unvermittelt seinen Arm um mich, beugte sich zu mir herunter, hauchte mir sanft einen Kuss auf die

Wange und ein »Du bist zauberhaft« ins Ohr. Vielleicht lag es an der Luft? Vielleicht am Wodka oder an der Tatsache, dass ich mich überhaupt nicht erinnern konnte, wann mich zuletzt ein Mann geküsst oder auch nur berührt hatte? Was immer der Grund war: Plötzlich wurde es totenstill um mich herum. Ich sah, wie mein Begleiter mir etwas sagen wollte, wie seine Lippen sich bewegten, konnte aber nichts mehr hören, bis auf ein ganz sanftes rhythmisches Sausen vielleicht. Verunsichert zog ich seinen Kopf zu mir herunter. »Warum haben die denn die Musik ausgestellt?«, wollte ich ihn fragen, schloss meinen Mund aber blitzschnell wieder, weil ich das Pavarotti-Menü bereits sauer im Aufgang schmeckte.

Ich schluckte noch einmal gegen das Essen an, dann wurde es schwarz vor meinen Augen.

Als ich wieder zu mir kam, führte Manfred mich, halb untergehakt, halb getragen, vor der Kneipentür auf und ab. Bisher kannte ich Ohnmachten nur aus Filmen, in denen die Damen ihren Unmut dadurch unterstrichen, dass sie demonstrativ und elegant zusammensackten. Allerdings war mir nie aufgefallen, dass sie vorher dem Mann vor die Füße gekotzt hätten. Vorsichtig kontrollierte ich mit der Zungenspitze den Innenraum meines Mundes nach etwaigen Spuren eines unwillkürlichen Ohnmachtserbrechens. Okay. Da war nichts, und eigentlich fühlte ich mich in diesem Moment sogar ziemlich wohl in den starken Armen des fremden Mannes.

»Das letzte Mal, dass ich mich so erschrocken habe«, erzählte Manfred mit bewegter Stimme, »war, als ich meinen Großvater fand, der tot in unserm Gewächshaus lag.«

Auch wenn mir der Vergleich etwas übertrieben vorkam, war ich gerührt über dieses persönliche Geständnis. Allerdings steckte mir der Ohnmachtsanfall in den Knochen. Ich sammelte Natalie ein, und wir machten uns auf den Weg nach Hause.

Im Taxi konnte Natalie sich kaum einkriegen vor Vergnügen. »Grandioser Auftritt, Adrienne! Alles läuft nach Plan. Gleich am ersten Abend, an dem du dein Sofa verlässt, spricht dich ein Typ an, und du ...« Sie rang nach Luft und versuchte, ihren Lachkrampf unter Kontrolle zu bekommen. Der Taxifahrer blickte in den Rückspiegel. Er schien voller Neugier auf die Fortsetzung zu warten. »Und du? – Du kotzt fast auf den Tresen, als er dich küssen will, und brichst dann zusammen!«

Den Samstag verbrachte ich mit einem ausgewachsenen Kater, aber in guter Stimmung auf dem Sofa. Zum Glück hatte Manfred nach meiner Telefonnummer gefragt. Klar, das Ende des Abends hätte ohne Zweifel besser verlaufen können. Und die Ursache für meinen Kreislaufkollaps beschäftigte mich schon. Aber ich hatte große Lust, ihn wiederzusehen und unter optimaleren Bedingungen besser kennenzulernen.

Sonntagabend. Die Kinder waren zurück. Zwischen Teig-Ausrollen und Pizza-Belegen erzählten sie ganz vergnügt von Papi. »Das Hochbett ist fünf Meter hoch, und man kann ganz von oben runterrutschen«, rief Justus aufgeregt.

»Ich lieb dich so doll, wie eine Rakete hochfliegen kann! Hundertvierzig und Tausend Millionen hab ich dich lieb.« Zur Bestätigung seiner Liebeserklärung schlang Jonah beim

Gute-Nacht-Sagen seine kleinen dicken Arme fest um meinen Hals.

»Und ich lieb dich vom Erdkern bis zum Universum, um die ganze Erdkugel und um alle Länder herum und von Blankenese bis nach Sylt.« Wie immer versuchte Justus, seinen kleinen Bruder auszustechen.

»Und ich lieb euch doppelt so viel wie alles, was ihr gesagt habt!«, übertrumpfte ich die beiden. Ich war überglücklich, dass die Jungs wieder da waren. Auch wenn ich insgeheim zugeben musste, dass die sturmfreie Bude übers Wochenende seine Vorteile hatte. Von wegen »verschluckt von der Einsamkeit«. Die Angst vor dem Alleinsein hatte ich erlegt wie Polizeichef Martin Brody den weißen Hai. Und darauf war ich mindestens ebenso stolz wie er.

Eine neue Familienstruktur, ein neuer Alltag, neue Rituale. Eine Trennung fordert Anpassung an veränderte Lebensbedingungen. Und ich fand, dass meine Jungs das ziemlich gut meisterten. Nun war ich dran. Statt mich in ein Zwei-Tages-Empty-Nest-Syndrom hineinzusteigern, wenn Justus und Jonah bei ihrem Vater waren, nahm ich mir fest vor, wieder zu lernen, auch allein Spaß zu haben, mich auf meine eigenen Interessen und Leidenschaften jenseits des Mutterdaseins zu besinnen. Streifzüge durch Sexshops und Ohnmachtsanfälle an der Bar gehörten nur bedingt dazu. Da war absolut Luft nach oben. Aber immerhin: Es war ein Anfang. Stück für Stück grub ich meine Lebensfreude wieder aus, die eine Zeit lang unter den Trümmern einstürzender Luftschlösser begraben gewesen war. Also: Was waren meine Interessen? Laufen, Lesen, Schreiben, Reisen, Nachmittage mit Freundinnen im Café und am Wochenende durch die Bars streifen … Aber kaum hatte ich mich berappelt, zog mir das nahende Weihnachtsfest noch einmal den Boden unter den Füßen weg. Wie feiert man eigentlich Familienfeste ohne Familie? Ich meine, ich gehe ja auch nicht rodeln, wenn kein Schnee liegt.

8

Advent, Advent, die Seele brennt!

Feiertage, Familienfeste und die Frage: Wer kriegt
die Kinder? Und über allem der Gedanke: Bin ich etwa
schon reif für eine »würdevolle Beerdigung«?

»Wir beide, also, wir müssen noch über Weihnachten sprechen«, druckste ich herum, während ich die Tomaten auf
meinem Salat von links nach rechts schob. »Es ist ja ... Du
hast Sabrina, und ich bin allein und ...« Bloß nicht heulen,
dachte ich, als ich spürte, wie mir die Tränen in die Augen
stiegen. Aber der Gedanke, dass die Kinder nicht mit mir,
sondern womöglich mit Theo und seiner neuen Freundin
feierten und ich allein unterm Tannenbaum übrig blieb,
war unerträglich. »Ich möchte dich bitten ... Ich meine ...
Bitte nimm mir nicht die Kinder an Heiligabend.« Jetzt war
es raus. Ich konzentrierte mich auf meinen Teller, zerschnitt
die Hähnchenbrust in Dutzende winzige Teile.

Manche Dinge im Leben gehören einfach zusammen:
Milchreis und Zimt zum Beispiel oder Nordsee und Wind
und ganz bestimmt Weihnachten und Familie. Aber was bedeutet überhaupt Familie? War ich als Geschiedene mit meinen Jungs jetzt nur noch eine alleinerziehende zweifache
Mutter? Oder waren wir eine Teilfamilie oder was? Jeden-

falls fühlte es sich für mich völlig absurd an, Feiertage allein zu feiern. Am schlimmsten war Weihnachten und am allerschlimmsten das erste Weihnachtsfest nach der Trennung. Mein damaliges Stimmungstief kündigte sich mit den ersten Gedanken zum bevorstehenden Fest schon Mitte November an: Wie sollten wir die Tage gestalten? Würden Theo und ich zusammen feiern? Oder die Kinder aufteilen? Egal, was ich mir ausmalte, keine der Optionen heiterte mich auf.

Wir hatten uns im Steakhouse verabredet, um zu besprechen, was so anlag bei den Jungs rund um Kindergarten, Sport und Familie. Es war uns wichtig, den anderen am Leben der Kinder teilhaben zu lassen und Probleme gemeinsam zu besprechen. Theo sollte wissen, was die Jungs beschäftigte, wenn er sie nicht sah. Außerdem wollten wir weiterhin gemeinsam entscheiden, wie wir dieses oder jenes Problem angingen. Sollte Justus ein neues Fahrrad zu Weihnachten bekommen oder besser zum Geburtstag? Wie viel Fernsehen tat den beiden gut? Natürlich mussten wir auch wieder klären, bei wem die beiden an welchem Wochenende sein würden. Inzwischen hatten wir begriffen, wie wichtig eine Regelmäßigkeit war. Es hatte einen traurigen Nachmittag gegeben, an dem wir – noch unwissend – es Justus überlassen hatten zu entscheiden, ob er mit zu Papi fahren oder lieber bei Mami bleiben wollte. Er weinte und schrie auf dem Weg zu Theos Auto, war komplett überfordert damit, eine Wahl zu treffen. Bis ich dazwischenging: »Du brauchst dich nicht zu entscheiden. Papi und ich haben das für dich getan, weil wir eure Eltern sind und wissen, was für euch gut ist. Du fährst jetzt mit Papi und kommst Sonntag zurück zu mir.«

Augenblicklich fand er zur Ruhe. Seitdem planten wir Wochenenden und Ferien weit im Voraus. Das gab den Kindern Halt, und sie gewöhnten sich an den Rhythmus.

Außerdem stand noch Weihnachten auf der Agenda. Das Thema hatte mich in den vergangenen Tagen aufgeputscht wie drei Becher Kaffee auf nüchternen Magen. Das erste Weihnachtsfest ohne vollständige Familie! Laut Umgangsrecht gab es da mehrere Möglichkeiten: Die Kinder konnten zum Beispiel Weihnachten bei Theo und Ostern bei mir verbringen oder umgekehrt. Möglich war aber auch, dass Justus und Jonah Heiligabend bei einem Elternteil blieben und den ersten oder zweiten Weihnachtsfeiertag bei dem anderen. Wichtig war bei all dem, dass die Kinder zufrieden waren mit der Aufteilung und wir Eltern uns einig.

Zu meinem Glück war Theo nicht nur ein zuverlässiger Vater, sondern auch ein verständnisvoller Exehemann. Und sicher hatte er erkannt, dass es für ihn, frisch verliebt und glücklich, leichter war als für mich, an diesem Tag auf die Jungs zu verzichten.

»Ist okay«, antwortete er nur auf meine Bitte. »Ich hole sie dann am ersten Weihnachtstag ab.«

»Danke«, flüsterte ich. Und merkte erst da, wie hungrig ich war. Während ich den zu Tode geschnittenen Salat aß, sprachen wir über Justus' neue Zahnspange und über das am nächsten Wochenende bevorstehende Hockeyspiel.

Und obwohl im Umgangsrecht vorgeschlagen wird, die Feiertage aufzuteilen, hat Theo die Regelung, die wir an jenem Abend im Steakhouse trafen, auch in den kommenden Jahren nie infrage gestellt. Wofür ich sehr dankbar war.

Apropos Umgangsrecht. Kinder brauchen beide Elternteile – immer vorausgesetzt, es war keine Gewalt gegenüber den Kindern oder dem Partner im Spiel. Weil mir das Thema »zuverlässige Absprachen« besonders am Herzen liegt, habe ich für dieses Buch mit der Kinder- und Jugendlichen-Psychotherapeutin Gundula Göbel über das Thema gesprochen.

»Kinder sind durch die Trennung der Eltern sehr verunsichert und brauchen Verlässlichkeit, um ihr emotionales Gleichgewicht wieder zu erlangen und um den Erwachsenen zu vertrauen«, verriet sie mir. »Verlässliche Absprachen ermöglichen dies, geben Halt und damit Geborgenheit. Außerdem vermeiden feste Absprachen die ewigen Diskussionen und Streitereien an der Haustür, die die Kinder sehr belasten.«

Und wenn es diese Verlässlichkeit nicht gibt?

»Dann können Kinder Verlustängste entwickeln und Bindungssicherheit verlieren. Sie fühlen sich abgelehnt, nicht willkommen und wahrgenommen mit ihren Bedürfnissen, wertlos«, sagte Frau Göbel. »Und sie reagieren dann nicht nur mit Kummer und Aggression, sie können sogar psychisch krank werden.«

Diese Aussage hat mich zutiefst berührt. Manchmal vergisst man, welch unglaublichen Einfluss man auf die Entwicklung seiner Kinder hat.

Gundula Göbel erklärte mir auch, warum es manchen Eltern so schwerfällt, das zu schaffen: »Viele Elternteile fühlen sich durch eine Trennung gekränkt, abgelehnt und verletzt – egal, ob sie die Trennung wollten oder nicht. Sie haben Angst vor den eigenen Gefühlen, Angst davor, den

Expartner zu treffen, Angst vor Streitgesprächen und Übergaben. Eigene psychische Belastungen werden oft unter der Trennung erst in vollem Ausmaß sichtbar. Durch diese Emotionen schaffen es Eltern häufig nicht mehr, mit ihrem Verstand und erwachsen zu agieren. Häufig wollen Elternteile unbewusst oder bewusst den Ex mit ihrer Unzuverlässigkeit treffen, negative Gefühle werden auf die Kinder übertragen.«

Wer seinen Kindern den Umgang mit der Trennung erleichtern möchte, hält sich laut Gundula Göbel am besten an folgende Regeln:

1. Immer mit den Kindern besprechen, was geplant ist. Sie sollten wissen, wann, wie und wo das nächste Mama-, Papa- oder Großeltern-Wochenende stattfindet. Vor allem sollte man dem Nachwuchs Mut machen, eigene Wünsche, Bedürfnisse und Ängste zu formulieren. Dazu brauchen Kinder die Sicherheit, dass sie damit keinen Streit zwischen den Eltern auslösen. Fragen wie »Darf ich eine Nacht länger bei Papi schlafen?« oder »Kann ich doch lieber bei Mama bleiben, weil ich zu einem Kindergeburtstag eingeladen bin?« führen häufig zu Diskussionen, die mit »Was hat Papa dir denn da wieder für Flausen in den Kopf gesetzt« anfangen und damit enden, dass die Eltern sich böse Worte an den Kopf werfen. Häufig fällt es Vätern und Müttern schwer, bei der Sache zu bleiben und die jeweilige Frage isoliert zu betrachten. Die Folge: Das Kind traut sich nie wieder, Wünsche zu äußern, um die Eltern nicht zu verärgern. Besser

sind Ermutigungen wie: »Tolle Idee mit der Nacht bei Papi, aber leider klappt es diesmal nicht, weil wir schon bei Oma eingeladen sind.« Dann fühlt das Kind sich ernst genommen und ermutigt, wieder zu fragen.

2. Es ist ein neues Gefühl, nicht zu wissen, was die Kinder am Wochenende mit dem Expartner erleben werden. Und noch schwerer auszuhalten kann es sein, keinerlei Einfluss darauf zu haben. Aber: Was Ihr Ex mit den Kindern unternimmt, ist nicht Ihre Angelegenheit (solange das Kind nicht gefährdet ist). Auch wenn es noch so schwerfällt: Bewerten Sie Papa- oder Mama-Ideen und -Zeit nicht negativ. Das macht es den Kindern unnötig schwer. Sie bewerten nämlich ganz anders als wir Erwachsenen.

3. Ob der Ex die Kinder eine Stunde zu früh oder zu spät abholt, Ihnen seine Wohnung oder die neue Freundin missfällt – bitte immer sachlich bleiben: keine Anschuldigungen, keine Belehrungen oder Streitgespräche vor den Kindern.

4. Papa war im Freizeitpark und geht im Urlaub auf Safari, und Sie fahren wieder nur ins Ferienhaus nach Dänemark? Treten Sie bloß nicht in Wettbewerb mit Geschenken, Freizeitaktivitäten oder bei der Urlaubsplanung. Kinder haben ihre Eltern einfach so lieb.

Das alles klingt leichter, als es ist? Es klappt einfach nicht, mit dem Ex ohne Streit Abmachungen zu treffen? Es gibt Unterstützung! Beratungsstellen oder Mediatoren helfen,

Vereinbarungen konfliktfrei und kinderfreundlich zu gestalten.

Ja-ha, Planung und Absprachen sind eine Sache, Emotionen eine ganz andere. Mit zunehmender Weihnachtsdekoration und fallenden Temperaturen sank auch meine Stimmung von Tag zu Tag. Wäre ich allein gewesen, hätte ich keine einzige Goldkugel ausgepackt, hätte Weihnachtspyramide, Tannenzweige und Spekulatius aus dem Wohnzimmer verbannt und mich bis Anfang Januar unter meiner geliebten Wolldecke auf dem Sofa versteckt. Aber ich war eben nicht allein. Ich hatte meine beiden kleinen Jungs, deren Vorfreude auf das Fest täglich ausgelassener wurde. Und wie jedes Jahr gab es eine Menge zu tun. Als Erstes musste ich für beide Kinder den traditionellen Adventskalender aufhängen, was bedeutete, achtundvierzig kleine Überraschungen zu kaufen, zu verpacken und dekorativ an einer Tannengirlande zu befestigen. Eine irrwitzige Idee aus Tagen, an denen ich noch vor Lebensglück und Kraft gestrotzt hatte. Insgeheim hatte ich in meinem Weihnachtsblues damit geliebäugelt, in diesem Jahr einfach einen Lego-, Starwars- oder Drei-Fragezeichen-Kalender zu kaufen, bis Justus eines Morgens am Frühstückstisch den verhängnisvollen Satz sagte: »Weißt du, Mami, worauf ich mich am allermeisten freue zu Weihnachten? Den Kalender!«

Die Mutterfalle war zugeschnappt. Unmöglich konnte ich in diesem ersten Jahr, in dem alles so anders war, auch noch die Erwartungen der Jungs enttäuschen. Nur: Meine Energie war in den Minusbereich gerutscht, und ich hatte keine Ahnung, woher ich die Kraft nehmen sollte, alles zu schaffen. Gab es vielleicht eine geheime Anleitung oder einfach irgendwelche rosa Weihnachtspillen, die man einschmeißen konnte?

Wahrscheinlich wäre es eine extrem lukrative Geschäftsidee, auf Weihnachtsmärkten eine Erste-Hilfe-Station für frisch getrennte Elternteile anzubieten. Neben Wahrsagerin Norma mit der Glaskugel könnte man einen Wohnwagen mit Thea, der guten Trennungsfee, stellen. Zwanzig Euro für Notfalltipps, wie man die Gegenwart überlebt, dazu ein paar Worte, um die Bodenhaftung nicht zu verlieren, während die Kinder im Kettenkarussell gegenüber mit Lebkuchenherzen um den Hals ins Glück fliegen. – Thea gab es aber nicht. Also nahm ich keine Rücksicht auf meine Gefühle und tat einfach alles, um den Jungs ein wunderschönes Fest zu bereiten. Dazu gehörte auch, dass wir einkaufen gingen und Ideen sammelten, um dann gemeinsam ein schönes Geschenk für Papi zu basteln.

Und dann war es so weit: Heiligabend. Die gefühlte Uhrzeit bewegte sich oberhalb der Schmerzgrenze, als Justus und Jonah in mein Bett polterten und mich gnadenlos aus meinen Träumen rissen. Ein Blick auf den Wecker bestätigte mein Gefühl. 6:33 Uhr.

»Weihnachten!«, brüllten die zwei in meine noch sehr lärmempfindlichen Ohren und begannen, meine Matratze als Trampolin zu missbrauchen. Der Lattenrost ächzte bedenklich, und mein müder Kopf pochte im Takt dazu. Ich flüchtete aus dem Bett, damit es nicht zusammenbrach.

Justus und Jonah hüpften, schubsten, balgten und zankten sich die Treppe hinunter. Mit dem traditionellen Weihnachtsmorgen-Geschenk wollte ich meine beiden Energiebündel zur Ruhe bringen und einen Moment Zeit gewinnen. Die Jungs zerfetzten in weniger als zehn Sekunden die Verpackung.

»Eine echte Polizeistation!«

»Du darfst damit nicht spielen«, dämpfte Justus gehässig die Euphorie seines kleinen Bruders. »Du bist viel zu klein und machst sowieso nur alles kaputt!«

Die zu erwartende Reaktion folgte prompt. Jonah stieß einen Wutschrei aus, der nun mindestens auch für unsere Nachbarn die Nachtruhe beendete. Mit ausgebreiteten Armen stürzte er sich auf den Legokasten und begrub das Objekt der Begierde unter seinem kleinen Körper. Ich trennte die beiden Streithähne und verbannte den Legokasten auf den Besenschrank. Ohne den Jungs noch einen Blick zu schenken, verließ ich wortlos das Zimmer und schloss mich mit einem großen Milchkaffee im Bad ein.

Ich war selbst überrascht, wie schnell mein Plan zur Wiedervereinigung der Brüder funktionierte. Der Frust um den Verlust des begehrten Legokastens ließ Justus und Jonah im Gleichtakt an die Badezimmertür klopfen, während ich noch das Vanille-Shampoo aus meinen Haaren spülte. »Wir wollen unser Geschenk zurück, wir wollen unser Geschenk zurück!«

Weihnachten – Fest der Liebe! Großmütig holte ich die Legostation vom Besenschrank. Die Kinder ließen sich friedlich auf dem Fußboden nieder. Ich schmierte Brötchen, und nach unserem Frühstück setzte ich mich zu den Kindern. Bis zum Mittag hatten wir das Gefängnis, den Hubschrauberlandeplatz und drei Einsatzwagen fertig, wobei ich die Einzige war, die die Gebrauchsanweisung benutzte. Aber immerhin! Ich war stolz wie Bolle, denn bislang war immer Papi der Legoheld gewesen.

Am frühen Nachmittag machten wir uns auf den Weg zur Kirche. Das Krippenspiel gehört bei uns zur Tradition wie der Tannenbaum.

»Halt! Wir müssen noch auf Papi warten«, rief Jonah ganz aufgeregt, kurz bevor wir das Haus verließen.

»Du Dummkopf, der kommt doch gar nicht«, fuhr ihm Justus über den Mund. Kurz guckte Jonah seinen Bruder irritiert an, dann setzte er brav seine Mütze auf und trottete neben mir her. Was wohl in ihren Köpfen vorging? Welche Gedanken und Gefühle bewegten sie, die sie noch nicht in Worte fassen konnten? Ich drückte die Hand meines Kleinen noch fester.

Die Kirche war gerammelt voll. Überall um mich herum glückliche Familien – einträchtig und in Liebe vereint.

Wie jedes Jahr spielten die Kinder die Weihnachtsgeschichte. Und es gelang mir einigermaßen, meine Gefühle unter Kontrolle zu halten, bis die singenden Engel zum Abschluss des Gottesdienstes »Ihr Kinderlein kommet« anstimmten. Ich kannte den Kampf gegen die Rührung, aber heute war ich machtlos. Ich nahm Jonah auf meinen Schoß und drückte mein Gesicht an seinen Hinterkopf, damit die Kinder meine Tränen nicht sahen. Ganze Sturzbäche ergossen sich über mein Gesicht. Scheiß-Heiligabend!

Wenig später, bei uns zu Hause:

»Weiß der Weihnachtsmann eigentlich wirklich alles, Mami?« Jonahs Stirn legte sich in eine Reihe Sorgenfalten. Noch bevor ich die Gelegenheit hatte, zu einer pädagogischchristlichen Erklärung anzusetzen, kam Justus mir zuvor: »Du Blödkopf. Der liebe Gott weiß alles, viel mehr als der Weihnachtsmann, falls es den überhaupt gibt.«

»Ich bin kein Blödkopf, und klar gibt es den Weihnachtsmann.«

Zum Glück klopfte es genau in diesem Moment, und der Himmelsbote stand leibhaftig vor der Tür.

»Ho, Ho, Ho!« Das Erscheinen des Weihnachtsmannes ließ die Jungs kurz erstarren, dann flüchteten sie unter den Esstisch. Und ich beobachtete kritisch den Auftritt, der mich genauso viel gekostet hatte wie die schiefe Blautanne. Der Weihnachtsmann las aus dem »Goldenen Buch der Wahrheit«. Er lobte und ermahnte die von seinen seherischen Fähigkeiten tief beeindruckten Kinder. Jedenfalls bekam ich für mein Geld etwas Unterstützung bei der Erziehung. Ich sah ihn mir etwas genauer an.

Unser Weihnachtsmann trug eine schwarze Lederhose, wie ich unter dem roten Mantel entdeckte. Dazu schwere Motorradstiefel. Überhaupt hatte man uns da ein recht ansprechendes Exemplar gesandt. Was der wohl im echten Leben machte? Ob er auch ein verzweifelter Exehepartner war, der Weihnachten ohne seine Familie nicht ertrug und stattdessen um die Häuser zog, um fremde Kinder glücklich zu machen? Vielleicht sollte ich ja in der Weihnachtsmannzentrale nach seiner Telefonnummer fragen …

Jonah hatte seine Sprache noch immer nicht wiedergefunden. Justus trug stotternd »Von drauß' vom Walde komm ich her« vor, derweil ich mich in sehr irdischen Fantasien verlor. Motorradstiefel, achtlos hingeworfen, das Gummiband des weißen Bartes zerrissen auf dem Nachttisch, den in Leidenschaft zerknüllten Samtmantel am Fußende des Bettes.

»Lieber guter Weihnachtsmann, schau mich nicht so böse an, ich will auch immer artig sein.« Animiert durch den Auftritt des großen Bruders, war es Jonah gelungen, seinen Zweizeiler aufzusagen.

Danach war es Zeit für das Abendessen. Im Gegensatz zu Gans und Rotkohl, zu Silberbesteck und einem weihnachtlich gedeckten Tisch mit Kerzenleuchtern hatte ich mich für ein ganz besonderes Festmenü entschieden: Picknick vor dem Tannenbaum. Und dabei war alles erlaubt, was Spaß machte. Zum Beispiel: ein Fleischbällchen-Wettbewerb. Mit weit aufgerissenem Mund schnappte Justus acht von zehn Fleischbällchen, die ich ihm zuwarf, und das mit auf den Rücken gebundenen Händen. Jonah folgte mit sechs. Ich fing nur zwei der Bällchen, die mir die Jungs kreischend um die Ohren schmissen. Unser Weihnachtsabend endete unter Wolldecken gekuschelt vor dem Fernseher.

»Ich bin so verliebt mit dir.« Jonah schmiegte den blonden Wuschelkopf an meinen Busen. »Und deine dicken Haufen sind so kuschelig.«

Überlebt!, dachte ich bloß. Wir hatten es am Ende ganz gut hingekriegt und auch viele schöne Momente miteinander genossen. Zufrieden schlief ich kurz nach den Jungs ein.

Es war 12 Uhr am ersten Weihnachtstag, zwei Stunden, bevor Theo die Kinder zum Winterurlaub abholen würde. Ich hatte mir vorgenommen, ein feierliches Abschiedsessen auf den Tisch zu zaubern, und ein neues Rezept ausgesucht:

Dreikäsetopf mit Nudeln und Spinat
Vorbereitungszeit: 5 Minuten, Zubereitungszeit: 30 Minu-
ten
Schwierigkeitsgrad: 1 Kochmütze

Nachdem die Jungs ihre Skepsis überwunden hatten und sich auf das Abenteuer einließen, Nudeln mal in einer anderen Form als mit Tomatensauce zu probieren, verschlangen sie beide zwei Portionen. Zum Glück, denn mit dem Schokopudding zum Nachtisch wurde es nix. Als ich das blubbernde Geräusch aus der Mikrowelle hörte, gelang es mir nicht mehr rechtzeitig, die Stopptaste zu erreichen. 1000 Watt torpedierten das Schokoglück explosionsartig aus der Schale und ließen es zum Vergnügen der Jungs an Glastür und Wänden des Gerätes herunterlaufen. Sie stürzten sich begeistert auf die Kinderüberraschungseier, die es zum Abschied und als Ersatz für den explodierten Pudding gab. Ich selbst bekam keinen Bissen runter. Mein Hals hatte angefangen zu kratzen. Ich fühlte mich schwach und fröstelig. Wahrscheinlich eine psychosomatische Reaktion auf den nahenden Abschied.

»Du siehst schlecht aus, Adrienne«, lauteten Theos wenig aufmunternde Worte zum Abschied, bevor er mit den Jungs, die ungeduldig an ihm zerrten, aufbrach. »Du solltest dich etwas schonen, nun, wo du allein bist und auch mal Zeit für dich hast.«

Allein! Gerade jetzt wollte ich überhaupt nicht allein sein und auch mal Zeit für mich haben.

Was blieb? Die gewohnte Wolldecke, der Fernseher und ich. Neu hinzu kam: Schüttelfrost. Vom Sofa wanderte ich ins Bett und schlief sofort ein. Am nächsten Tag ging es mir so schlecht, dass ich einen Notarzt rief, der eine heftige Bronchitis diagnostizierte. Allein sein ist eine Sache. Krank und allein sein ist – puh!

Meine Mutter wollte ich nicht anrufen, denn nachdem ich mich entschlossen hatte, in diesem Jahr Weihnachten nur mit den Jungs zu feiern, war sie beleidigt. Und ich hatte keine Kraft mehr für weitere Diskussionen darüber, ob Großmütter unbedingt in allen Lebenslagen dazugehörten, ob ich die einzige Tochter war, die ihre Mutter nicht zu Weihnachten einlud, und so weiter. Sie war fest überzeugt davon, in jeder Situation eine Bereicherung zu sein, und konnte trotz all meiner Erklärungen meinen Rückzug in die Kleinfamilie an diesem ersten Weihnachtsfest nach der Trennung nicht verstehen.

Zwischen Schwindel und Schwächeanfällen taumelte ich durch die Tage und vegetierte ohne jeglichen Kontakt zur Außenwelt vor mich hin. Der einzige Brief im Kasten für mich war die Werbung einer Versicherung:

Gesetzesänderung: Sterbegeld komplett gestrichen

Sehr geehrte Damen und Herren,
heute schreiben wir ganz offen über ein wichtiges und sehr sensibles Thema. Das Sterbegeld wurde aus dem Leistungs-katalog der gesetzlichen Krankenkassen gestrichen. Jetzt müssen die Angehörigen sämtliche Kosten selbst tragen.

Wen kümmerte es schon, wenn ich starb? Düstere Gedanken überrollten mich wie die Walze ein Sandkorn.

*Hier hilft Ihnen die Sterbegeld-Absicherung unserer
Versicherung. Verantwortungsvolle Vorsorge ist jetzt
besonders wichtig. Eine würdevolle Beerdigung kann leicht
bis zu 5000 Euro und mehr kosten.*

»Würdevolle Beerdigung« – schon tausendmal hatte ich mir
meine Beerdigung vorgestellt. Dabei hatte ich allerdings
weniger an die Kosten als an die Inszenierung gedacht.
Wunderschön würde ich im Sarg liegen, umringt von einer
Schar Männer, von denen jeder Einzelne sein Leben geben
würde für einen einzigen weiteren Tag mit mir. Bei der Musik war ich mir noch nicht ganz sicher. Hauptsache Tränen-
drüse: »Time to Say Goodbye« oder vielleicht lieber doch
»Who Wants to Live Forever« von Freddie Mercury?

*Es ist zutiefst beruhigend, Ihrer Familie die Verantwortung
und Sorge abnehmen zu können und eine würdevolle
Bestattung schon im Voraus zu sichern.*

Jetzt kam der Bonbon. Garantierte Aufnahme ohne Ge-
sundheitsfragen, und schon nach einer dreijährigen Auf-
bauzeit war *gut vorgesorgt, und die Versicherungssumme steht
Ihren Angehörigen voll zur Verfügung. Im 66. Lebensjahr endet die Beitragszeit und Sie genießen weiterhin Ihren Versiche-
rungsschutz – egal, wie alt Sie werden.*
Das ganze Paket gab es schon ab fünf Euro im Monat.
Kurz überschlagen und mit einer optimistisch vorausgesetz-
ten Lebenserwartung von weiteren vierzig Jahren würde ich
innerhalb dieser Zeit circa 2400 Euro ansparen und …
Begann ich gerade tatsächlich, die Kosten für meine Be-

erdigung zu berechnen? Mein seelischer Zustand schien bedenklicher, als ich es wahrhaben wollte. Ich zerknüllte das Sterbegeldschreiben. Vorläufig sollte ich mich darum kümmern, die Bronchitis in den Griff zu bekommen!

Viel ging da leider nicht. Ich stand nur auf, um mich ins Bad zu schleppen oder mir eine Kanne Tee zu kochen.

Eines Nachts weckte mich das Raketenfeuer vor meinem Fenster. Das erste Mal Silvester allein! Mittlerweile hütete ich seit fünf Tagen das Bett, und niemand schien mich zu vermissen oder auch nur meinen bedrohlichen Zustand bemerkt zu haben. So oder so ähnlich kam es also zu den Geschichten, die man täglich in der Zeitung las, von alleinstehenden Verstorbenen, die erst Monate später gefunden wurden, nämlich dann, wenn den Nachbarn der Verwesungsgeruch im Treppenhaus auffiel.

Ich dachte an die Jungs, die vermutlich gerade unter Theos Aufsicht um die Wette knallten. Warum gab es eigentlich kein Feriencamp für trennungsbedingt verwaiste Mütter? Der Vorteil eines traurigen Lebens ist, dass die Aussicht auf das Ende einen nicht mehr ganz so traurig stimmen kann.

Ich balancierte tatsächlich am Rande eines sehr dunklen Seelentales Richtung Depression. Einziges Licht am Horizont, der absolute Kick für meinen Lebenswillen: die Kinder. Beim Zurückkommen flogen sie mir in die Arme, bedeckten mich mit Küssen. Dann schmissen sie ihre Taschen in den Flur, ließen die Schuhe mitten im Eingang stehen und stürmten durchs Haus. Fünf Minuten später hörte ich sie lauthals streiten. Aber sogar das machte mich glücklich – zumindest in diesem Moment. Was geschehen war, hatte mir Angst gemacht. Ich hatte schon einige Male erfahren, dass mein Stimmungsblues die optimalen Wachstumsbedingungen fand, wenn ich mich auf dem Sofa unter der Decke verkroch. Aber ich hätte es nie für möglich gehalten, dass ich durch Trennung und Bronchitis in ein so düsteres Loch fallen konnte. In diesen Tagen, die mich so aus der Bahn geworfen hatten, habe ich viel über mich gelernt.

Erstens: Ich habe überlebt.

Zweitens: Ich kann viel mehr aushalten, als ich dachte.

Drittens: Dieser Gedanke machte mich unglaublich stark.

Unwillkürlich dachte ich an meine Mutter. Und wieder ploppte eine ihrer unendlichen Lebensweisheiten auf: »Eine ruhige See macht keinen guten Seemann.« Und als hätte sie meine Gedanken gespürt, klingelte nach zehn Tagen Sendepause am Abend das Telefon: Meine Mutter wünschte mir nachträglich ein frohes neues Jahr und fragte, wie ich mit den Jungs Weihnachten verbracht hätte. Vor allem aber wollte sie von ihren Plänen erzählen. Der Hauch von beleidigter Leberwurst war dabei nicht zu überhören.

»Ich möchte dir sagen, dass ich im nächsten Jahr Weihnachten mit armen Leuten singen möchte. Ich will mich ja nicht einmischen, und es geht mich auch nichts an, aber dieser Konsum, die viel zu vielen Geschenke für die Kinder, das möchte ich nicht mehr erleben. Das ist für mich nicht der Sinn des Weihnachtsfestes.«

Verwundert hörte ich zu. Die Ablehnung von Konsum hatte meine Mutter bislang nie thematisiert, weder zu Weihnachten noch zum Geburtstag oder überhaupt. Ganz im Gegenteil formulierte sie gern einmal den einen oder anderen Wunsch. Aber ehe ich länger darüber nachdenken konnte, wann sie von weltlicher Weihnacht Abstand genommen hatte, kam die Auflösung. »Also wirklich. So viele Geschenke für die Kinder und für mich nur ein Gutschein für ein gemeinsames Wochenende am Meer. Das Bücherregal für mein Schlafzimmer hättest du mir schon schenken können.«

9

Und ewig grüßt das Murmeltier

*Neue Liebe, alte Muster und mein langer Weg
nach München. Vom Ausrutschen, Aufrappeln und
Abbiegen an neuen Ausfahrten.*

Endlich ein Parkplatz! Ungeduldig sprang ich aus dem Auto. Ich hasse Unpünktlichkeit, und außerdem hatte ich es gerade heute besonders eilig. Vorsichtig stöckelte ich zum Kofferraum, um meinen Hund Henri (Carlos Vorgänger) herauszulassen. Zum Abend hatten die Temperaturen an diesem nass-grauen Januartag wieder angezogen und den Schneematsch in eine tückische Eisdecke verwandelt. Es war fies glatt. Kein gutes Wetter für Zehn-Zentimeter-Absätze. Aber wer geht schon mit Spikes unterm Winterstiefel zum romantischen Dinner?

Wir spurteten zur Kreuzung, wo die Fußgängerampel gerade von Grün auf Rot sprang. Es hätte noch klappen können, sicher rüberzukommen, tat es aber nicht. Kurz bevor die Autos anfuhren, rutschte ich beim Laufen aus. Im Stolpern schleuderte ich Henri an seiner Leine aus Versehen explosionsartig über die Straße. Ein Wurf, mit dem ich bei einem Kugelstoß-Wettbewerb ganz vorn gelandet wäre. Jetzt allerdings fand ich mich vor der Kühlerhaube eines silberfarbenen Audis wieder. Der Fahrer hupte und strafte mich mit einem Blick, der etwas sagte wie: »Ich bremse auch für Irre …«

Mit abgebrochenem Absatz, schmutziger, zerrissener Jeans, aufgeschürftem Knie und verschrecktem Hund stand ich ein paar Minuten später vor Tom. Dem Mann, den meine Freundinnen mir in diesem Jahr praktisch unter den Tannenbaum gelegt hatten – sozusagen.

Es war fast zwei Jahre her, seitdem Theo ausgezogen war.

»Willst du jetzt etwa für ewig allein bleiben?«, hatten sie mich ständig angestupst. »Zeit, dass du dich mal wieder um dein Liebesleben kümmerst.«

Und das tat ich. Doch nachdem meine Kontaktanzeige im Abendblatt mir Bilder von nackten Männern auf Messingbetten und andere verstörende Zuschriften beschert hatte, legte ich meine Aktivitäten auf Eis. Ganz im Gegensatz zu meinen Freundinnen, die es liebten, sich um mein Herzensglück zu kümmern und Lovestorys zu basteln. Sie hatten analysiert und überlegt, welcher der ihnen bekannten verfügbaren Männer wohl zu mir passen könnte, und es dann geschickt eingefädelt, dass Tom und ich uns auf einer Party begegneten. Und nach einigen missglückten Versuchen davor hatten sie diesmal, wie es schien, einen guten Job gemacht.

Tom verarztete mein Knie, fixierte meinen Absatz mit Sekundenkleber, versorgte den Hund mit einem Kauknochen – und er hatte sogar für mich gekocht. Risotto mit Krebsschwänzen. Wir tranken Wein und fühlten uns verdammt gut miteinander. So fing es an und so blieb es – erst mal …

Meine Mutter mit ihrem »Kein Mann in den besten Jahren sucht eine Frau mit zwei wilden Jungs« hatte sich echt geirrt. Tom war nicht nur begeistert von meinen Testosteron-Wundertüten, sondern wir erweiterten die Familie in kürzester Zeit um noch zwei tolle Jungs.

Aber dann passierte, was ich nie, nie, nie noch einmal erleben wollte: Tom und ich waren wunderbar, jeder auf seine Weise, aber leider eben nicht füreinander. So war ich zwölf Jahre später auch von diesem besonderen Mann und großartigen Vater geschieden. Ich fühlte mich wie im falschen Film! Frei nach dem Motto: Und ewig grüßt das Murmeltier.

War ich vielleicht wieder mal unbewusst über ein geheimes Muster von mir gestolpert?

Meine Erfahrung mit Mustern: Die sind echt hartnäckig, und nicht nur bei mir. Gabi zum Beispiel kann nie Nein sagen. Sie hilft überall und ständig und ist immer am Rande ihrer Kraft. Wenn sie wieder mal mit Migräne im Bett liegt, schwört sie sich, es besser zu machen. Doch dann ruft eine Nachbarin an, weil sie Hilfe beim Umzug braucht, und schon sagt Gabi wieder zu.

Diese fiesen Muster gibt es vor allem auch bei der Partnersuche. Petra ist ständig auf der Hut, weil sie Angst hat, dass ihr Freund sie betrügen könnte – und wie durch einen geheimen Fluch passiert genau das immer wieder.

Monika träumt nach ihrer Trennung von einer zweiten Heirat und Glück bis ans Lebensende. Aber sobald es jemand ernst mit ihr meint, tanzt sie um eine Entscheidung herum wie Rumpelstilzchen ums Feuer: Die Kinder sind noch zu klein, ich brauche mehr Zeit, ich muss erst umziehen. Tina meistert ihr Leben fabelhaft – bis ein Mann auftaucht. Dann gibt sie sofort alle Verantwortung und Entscheidungen an ihn ab. Und ich schwöre, diese Liste könnten wir Frauen gemeinsam endlos verlängern.

Wie aber so ein Muster erkennen und den falsch programmierten Beziehungscode entschlüsseln, damit dem Liebesglück nichts mehr im Wege steht? Irgendwie hätte ich lieber geglaubt, dass das Schicksal mir immer die falschen Männer schickte, als auf Ursachenforschung zu gehen. Die kann nämlich verdammt schmerzhaft sein. Das hatte ich schon damals am Ende meiner ersten Ehe in den Gesprächen mit Herrn Zumkley-Münkel erfahren. Von ihm wusste ich: Ob ständiger Streit der Eltern, Untreue, schlechte Behandlung, Vernachlässigung, Unsicherheit und so weiter – vieles sind Erfahrungen, die uns in der Kindheit geprägt haben und die wir leider mit ins Beziehungsleben schleppen. Denn auch wenn es absurd scheint: Wir suchen oft ganz einfach das Vertraute – selbst wenn wir uns eigentlich genau das Gegenteil wünschen. Muster sind übermächtig und hartnäckiger als Blut-, Rotwein- und Kugelschreiberflecken zusammen. Und wenn man sie identifiziert hat, heißt das ja noch lange nicht, auch das passende Mittel dagegen in der Schublade zu haben. Denn meist schleichen sie sich unbewusst wieder ein.

Was für ein Dilemma! Wenn ich nicht bald meinen persönlichen Fleckenteufel fand, würde als Nächstes Ehe drei mit Sohn fünf und sechs folgen, oder wie? Ich wollte nicht mein Liebesleben lang wie in einer Dauerschleife Fehler wiederholen. Ein neuer Plan musste her! Oh. Neuer Plan. Da war ich schon bei Muster Nummer zwei in meinem Leben.

Es gibt Menschen, die scheinen mit dem ersten Schluck Muttermilch ihren Lebensplan eingesogen zu haben. Die wissen von Anfang an und immer, was sie wollen, finden in der Grundschule ihre große Liebe und entscheiden schon mit zwölf Jahren: Ich werde Konditorin, Ärztin oder Meeresbiologin.

Ich gehöre nicht zu diesem Schlag. Weil ich manchmal etwas die Orientierung verliere, nehme ich ab und zu Hilfe aus dem Universum in Anspruch: Ich lasse mir die Karten legen, aus dem Kaffeesatz lesen oder mir ein Horoskop erstellen. Zum ersten Mal mit Anfang zwanzig. Die Astrologin drückte es damals so aus: »Stell dir vor, viele Menschen machen sich auf den Weg nach München. Manche von ihnen wählen den Flieger und sind eine Stunde später da. Andere fahren mit dem Auto und brauchen acht Stunden für die Reise. Du startest mit dem Fahrrad, lässt dich treiben, wählst Sightseeing-Routen statt der Bundesstraße, fährst über holprige Landstraßen, holst dir dabei ab und zu einen Platten, musst auf die Reparatur warten ... Aber eines Tages kommst du dann eben auch in München an.«

Mein erstes München war das Ziel »Traumjob«. Und es war eine lange Reise, bevor ich den fand: Auch wenn es mit Little Joe nicht geklappt hatte, blieb die Leidenschaft für die Reiterei. So schmiss ich, vom wilden Hafer gestochen, von einem Tag auf den anderen die Schule. Und landete, statt weiterzupauken, in einem Reitstall an der Ostsee. Täglich stand ich mir in einer staubigen, kalten Reithalle die Beine in den Bauch oder begleitete Ausritte, bis ich nicht mehr sitzen konnte. Nach wenigen Wochen wurde mir klar: Dieses Leben hatte so wenig mit meinen Cowboy-

Träumen zu tun wie eine Runde auf dem Kettenkarussell mit einem Flug zum Mond. Allein die Aussicht, mich ohne Schmerzen vom Reiten und Stallgasse-Fegen in geheizten Räumen aufzuhalten, war so verlockend, dass ich wenig später eine Ausbildung zur Immobilienkauffrau begann – und mich fühlte wie ein Wildpferd in der Garage. Von dort verschlug es mich kurzfristig ins Nachtleben. Ich heuerte in einer Kneipe an und schleppte Bratkartoffeln und Biere in den Keller, wo johlende Kegler auf mich warteten: »Hiegel – hagel – hugel – da kommt die geile Kugel!«

Familie, Freunde, viele böse Zungen fingen an zu tuscheln, dass ich »vom rechten Weg abgekommen« sei, »den Halt verloren« und »schlechten Umgang« hätte.

Und sie hatten absolut recht. Der anschließende Job am Tresen im Sportstudio verhalf mir zumindest zu einer Tätigkeit bei Tageslicht. Gegen die belanglosen Gespräche rund um Kalorienabbau und Muskelaufbau war mein Immobilienbüro allerdings ein Thriller-Schauplatz gewesen. Nach einem kurzen Ausflug in die Partnervermittlung und auf Bauer Hinrichs Sofa versuchte ich mein Glück als Redaktionssekretärin bei einer großen Frauenzeitschrift: Was denkt Julia Roberts über Ehe, Familie und Kinder? Welche Diät machen die Stars in Hollywood?

Ich liebte den turbulenten Redaktionsalltag und die Jagd nach neuen spannenden Frauenthemen, den gemeinsamen Absacker nach Feierabend mit den Kollegen und die fröhlichen Redaktionspartys – eine Zeit lang zumindest. Zwei Jahre später startete ich einen Geschenkartikel-Versand. Falls Sie mal aufblasbare Zebras oder einen Igel als Fußabtreter bestellt haben: Die waren möglicherweise von mir.

An dieser Stelle entschuldige ich mich auch gleich bei meinen Kundinnen, die die Blumenaufkleber als Bikinioberteil ausprobiert haben. Ich wusste wirklich nicht, wie schmerzhaft das Entfernen ist …

Später fühlte ich mich zum Heilen berufen, ließ mich zur Tierheilpraktikerin ausbilden und behandelte leidenschaftlich Arthrose-Hunde mit Blutegeln (hätte Terrier-Paul das gewusst, hätte er mich vermutlich am Elbstrand gekidnappt).

Viele spontane, sehr ambitionierte und nicht immer richtige Entscheidungen in meinem Leben. Aber ich bin eben eine Bauchgesteuerte, eine, die resistent gegen alle gut gemeinten Ratschläge ist und einfach ihrem Gefühl folgt. Und die etwas Zeit braucht, um in München anzukommen, unterwegs aber eine Menge sieht. Wo steht eigentlich geschrieben, dass alle Wege im Leben gerade sein müssen?

Leider galoppierte in meiner Zeit als Tierheilpraktikerin kein smarter Cowboy mit krankem Pferd in meine Praxis. Also, wie ging noch mal das Sprichwort mit dem Berg und dem Propheten? Ah ja. Wenn der Cowboy nicht zu mir kam, würde ich eben nach der Abfahrt suchen, die mich in die Prärie brachte. Irgendwann würde ich sie schon finden. Oder auch nicht.

10

Jetzt bin ich die Bestimmerin

*Ferien vom Familienurlaub: Plötzlich verbringe ich Zeit
mit Cowboys beim Cattle-Drive und mit Gorillas in
Uganda statt mit Kindern und Animateuren im Club.
Bin ich jetzt doch noch in meinem Traumjob gelandet?*

Montana. Auf der einen Seite grün leuchtende Hügel und
ein paar Pinien, auf der anderen die schroffen rot-gelben
Felswände des Big-Horn-Canyons und mittendrin: die
Ranch. Es kam mir vor, als hätte ich sie schon unzählige
Male gesehen – in einem Western made in Hollywood. Aber
diese alte Ranch war alles andere als eine Kino-Kulisse. Sie
war so waschecht wie die Jeans der Cowboys, die hier arbeiteten. Und ich war nicht nur Gast, sondern durfte für eine
Woche teilnehmen am Westernleben und sogar am Cattle-
Drive, dem Viehtrieb im Herbst, bei dem die Kühe mit ihren
Kälbern von den Sommerwiesen in den Bergen zur Ranch
getrieben werden, was mehrere Tage dauert. Mein neues Leben zeigte sich mehr und mehr von der charmanten Seite.

»Immer schön seitlich halten und niemals vor die Herde
reiten!« In Chaps, den ledernen Arbeitshosen der Cowboys,
stand Jake vor uns – mit Rädchen-Sporen an den grünen
Westernstiefeln, Marlboro-Jeansjacke und Stetson-Hut. Er
kaute Tabak, spuckte auf den roten Sandboden und blickte

in die Runde: »Alles Weitere ergibt sich dann ...« Es gelang ihm nicht, sein amüsiertes Grinsen zu verbergen. Dann wählte der erfahrene Cowboy das passende Pferd für mich aus. Kurz darauf saß ich im Westernsattel und verteilte mich mit den anderen Cowboys um die Herde.

»Hey, hey, go, go!« Die Männer trieben das Vieh vom umzäunten Gelände, dem Corral. Ihre Rufe wurden von aufgeregtem Muhen und Blöken begleitet. Bis zum Horizont spannte sich der hellblau leuchtende Himmel. Daher also der Name Big-Sky-Country! Dieser Himmel über roten Felsen, den grünen Hügeln und schneebedeckten Berggipfeln ... Wow!

Mein Kindheitstraum erfüllte sich: Ich ritt neben einem supersmarten Cowboy durch kleine Canyons, ausgewaschene Gräben, über Sandwege und das endlose Grasland. »The outside of a horse is good for the inside of a man«, lautet eine Cowboy-Weisheit. Grob übersetzt heißt das: »Pferde sind gut für die Seele des Mannes.« Und ich fand, Cowboys sind gut für die Seele der Frau – jedenfalls, wenn sie so aussehen und so viel Humor haben wie Jake.

Wie ich vom Sofa in die Prärie gekommen war? Es war ein längerer Weg gewesen. Und ich rede hier nicht nur von den Kilometern. Er führte mich zunächst in meine zweite Ehe und zur Verdopplung der Kinderzahl. Die Energie dafür hatte ich vielleicht auch ein bisschen meiner Mutter zu verdanken. »Du kannst alles schaffen, wenn du es wirklich willst«, hatte sie mir von klein auf vermittelt. Vielleicht habe ich von ihr ja die Energie, mich in manche Ideen so festzubeißen wie ein Terrier ins Hosenbein. Und die Idee, vom Schreiben meinen Lebensunterhalt zu bestreiten, war ein jahrzehntelanger Traum. Zwischendurch hatte ich es ja mit einigen anderen Dingen versucht, aber es war alles nicht so richtig meins gewesen. Und dann entdeckte ich – mit zweiundvierzig Jahren – das Seminarangebot, das mein Leben veränderte:

Reisejournalismus, Einführung
Fremde Welt in 120 Zeilen. Reportagen von der Nordsee
bis nach Feuerland, von Oslo bis Australien: Der ganze
Globus wird zum Redaktionsgebiet.

Reisen, Schreiben und mit Reisereportagen Geld verdienen – klang toll! Wie ein Traum, der mir auch dann noch, als ich bereits dem Dozenten lauschte, so weit entfernt schien wie die Aussicht, als Cowgirl durch die Prärie zu galoppieren.

Am Ende des Wochenendseminars hatten alle einundzwanzig Teilnehmer aus der Erinnerung an den letzten Urlaub oder Ausflug ihre erste Reisereportage verfasst. Wir lasen uns die Texte vor. Es waren wunderschöne Geschichten dabei, viele sicher spannender als mein Artikel über meine erste Auszeit nach der Geburt meiner jüngsten Söhne. Ich hatte über meine fünftägige Reise auf einem Containerschiff geschrieben. Aber: Bei den meisten anderen Teilnehmern verschwand das erste Werk in der Schublade, während ich begann, Klinken zu putzen. Als unerfahrene Quereinsteigerin ohne Referenzen bot ich meine Geschichten bei verschiedenen Magazin- oder Zeitungsredaktionen an. Stundenlang, tagelang, wochenlang: eine frustrierende

Scheißarbeit – sorry, aber das musste raus! Ich steckte Dutzende von Absagen ein und machte trotz der vielen Niederlagen weiter. Aber dann wurde meine Geschichte veröffentlicht – ein unglaublich fantastisches Erlebnis! So fing alles an. Und schließlich reiste ich – als Reporterin – durch Europa und bald quer durch die ganze Welt. Statt Cluburlaub mit Kinderanimationsprogramm in Spanien stand für mich auf einmal die finnische Wildnis auf dem Programm: Ich fuhr mit einem Husky-Gespann durch die Wälder und übernachtete in den Hütten der Rentierhirten. Ich wanderte mit Beduinen durch die Wüste. Dort lernte ich, wie ein Dromedar-Hengst in der Brunft zu blubbern, dass Wasser nur zum Trinken da ist und man auch ohne Waschen und Klo überleben kann. In Uganda schaute ich einer Gorillamutter, die ihr Baby stillte, in die Augen. In Kanada beobachtete ich Eisbären, die hungrig am Ufer des Meeres entlangstrichen und darauf warteten, auf Eisschollen nach Robben jagen zu können. Dabei erfuhr ich, dass das Meer durch den Klimawandel viel später zufriert und die hungrigen Eisbären immer länger warten müssen. Und in Österreich pulte ich mir beim Fliegenfischen den eigenen Haken aus der Stirn – so einfach ist es nämlich mit dem eleganten In-der-Mitte-entspringt-ein-Fluss-Schwung gar nicht.

Bevor all das möglich wurde, musste ich mich allerdings trauen, meinen Wunsch auch zu leben. Und das erforderte viel Kraft. In der Nacht vor einer Abreise schlief ich oft kaum. Und zwar keineswegs vor Aufregung, sondern wegen des bevorstehenden Abschieds von den Jungs. Es fiel mir jedes Mal so schwer, mich von ihnen zu trennen, dass ich oft – Traumjob hin, Traumjob her – kurz davor war, alles hinzuschmeißen. Am Ende waren es die Kinder, die mich überzeugten, genau das nicht zu tun. »Du musst das doch machen mit den Reisen, weil es deine Arbeit ist und weil es so cool ist«, sagten sie.

Und es stimmte. Es war mein lang ersehnter und schwer erkämpfter Traumjob! Außerdem half beim Abschied auch die Vorfreude auf die Abenteuer, die wir zusammen erlebten, wenn Familien-Reisereportagen anstanden. Dann durften die Jungs nicht nur mit, sondern waren sogar die Protagonisten meiner jeweiligen Geschichte. So trotteten wir mit dem Planwagen durch Irland, schwammen mit Delfinen auf den Azoren und durften einige tolle Familienhotels testen.

Wenn ich allein reiste, folgte der Abschied immer dem gleichen Ritual: »Ich brauch ja eigentlich gar nicht zu weinen, weil du schon bald wieder da bist«, sagte Juri, Sohn Nummer drei.

»Natürlich nicht«, antwortete ich mit leicht zittriger Stimme. »Und außerdem: Ich bin zwar nicht zu Hause, aber immer bei euch! Das wisst ihr doch?« Dann umarmten wir uns fest und so lange, bis wir die Tränen unter Kontrolle hatten, die ungesehen über die Schultern liefen. Aber irgendwie fühlten sich diese Tränen aus Liebe und Sehnsucht auch gut an. Eigentlich sogar besser, als wären sie nicht geflossen.

Vor der Abreise hatte ich tagelang damit zu tun, meine Abwesenheit zu organisieren. Mein Ziel: Der Alltag sollte auch ohne mich reibungslos weiterlaufen, damit die Kinder nichts versäumten und vermissten. Dafür lief ich zur Höchstform auf. Ich buchte unsere Kinderfrau Anna, die mir vor einigen Jahren und um zig Ecken empfohlen worden war, rief Tanten, Omas oder Freunde an und bat um Hilfe. Dann stand der Plan: Tante Wü und Kinderfrau Anna teilten sich die Betreuung, Oma Isa kochte bei sich daheim die Leibgerichte für die Kinder und brachte sie vorbei, Patentante Paula, einige Freundinnen und Mütter von Schul- und Hockeyfreunden übernahmen den ein oder anderen Fahrdienst. Außerdem waren da noch die inzwischen großen Brüder Justus und Jonah, die den Kleineren den Tagesplan erklärten und mit ihnen kuschelten. Und als letztes Sicherheitsnetz gab es eine Liste von Nachbarn, die zwar keine Zeit hatten, aktiv zu helfen, sich aber anboten, im Notfall einzuspringen.

All diese Absprachen gipfelten in seitenlangen Plänen:

Mami ist weg!

Mittwochmorgen:

- o *5:30 Uhr fahre ich zum Flughafen.*
- o *6:30 Uhr kommt Anna. An Anna: Bitte Frühstück vorbereiten, Klamotten für Juri und Johann raussuchen.*
- o *6:45 Juri und Johann wecken. Jonah steht allein auf. Johann bekommt eine Milchflasche zum Aufwachen. Zum Frühstück gibt es für Juri: Joghurt mit Zimtos oder was er sonst möchte. Johann isst meist ein »Kuchenbrot« mit Marmelade, Jonah versorgt sich selbst. Orangensaft-Nachschub ist im Keller. Juri nimmt kein Schulbrot mit. Johann bekommt ein Knäcke- oder normales Brot mit Mett- oder Leberwurst und vielleicht einen Apfel mit.*

o *7:30 Juri zur Nachbarin schicken, sie nimmt ihn mit zur Schule. Dann: Johann fertig machen und ab 8 Uhr in den Kindergarten bringen.*

o *Bitte Küche aufräumen und eventuell schon die Sachen für den nächsten Tag zurechtlegen.*

Mittag:

o *Johann bitte bis 13 Uhr vom Kindergarten abholen.*

o *Jonah kommt gegen 13:30 zum Essen.*

o *Juri wird gegen 16:00 Uhr von der Nachbarin mit aus der Schule gebracht.*

o *Essensvorschlag: Hurra, heute gibt es ausnahmsweise Tiefkühlpizza!*

o *Juri geht nach der Schule zum Fußball und wird von Sabine gebracht. Johann hat einen Kindergeburtstag bei Laurenz. Einladung mit allen Infos am Kühlschrank. Es ist eine Kostümparty. Er will eine Star-Wars-Verkleidung, vielleicht reicht aber auch ein Laserschwert. Findet ihr alles in der Faschingskiste im Keller!*

Abends:

o *Anna: Bitte noch um 18:00 Uhr mit den Kleinen essen und zusammen mit Juri alles für das Fußballtraining morgen in den Ranzen packen!*

o *Unsere Nachbarin, Tante Wü, kommt um 18:30 Uhr zum Ablösen.*

o *Jonah: Bitte nach dem Hockey Tante Wü ablösen.*

Und so weiter und so weiter ...

Mit dem Hilfe-in-Anspruch-Nehmen ist das so eine Sache. Nicht nur Männer fahren lieber stundenlang durch die Gegend, bevor sie sich dazu überwinden, jemanden nach dem Weg zu fragen, auch wir Frauen tun uns oft schwer mit dem Bitten. Wie oft hatte ich meiner Freundin Tina, die in fünf Jahren vier Kinder bekommen hatte und ständig am Rande des Burn-outs balancierte, ans Herz gelegt, sich Hilfe zu suchen … Ihre Antwort war immer die gleiche: »Ich möchte doch nicht andere Menschen mit meinen Alltagsproblemen belästigen. Ich schaffe das schon irgendwie.«

Wollen wir uns und der Welt immerzu beweisen, dass wir ohne Hilfe zurechtkommen? Oder haben wir Angst, dass andere es schlimm finden, dass es sie nervt, wenn wir fragen, ob sie uns unterstützen könnten? Nachdem ich mich vom »Ich-muss-das-allein-schaffen«-Anspruch befreit hatte, durfte ich erleben, dass meine fünfundsiebzigjährige Nachbarin und Ziehoma Tante Wü nicht nur die Zeit mit den Jungs liebte, sie lebte geradezu auf in den Tagen meiner Abwesenheit. Juri und Johann brachten Leben in ihren ruhigen Seniorenalltag, und ich glaube, auch das Gefühl, gebraucht und geliebt zu werden, tat ihr gut. Und was meine Freundinnen betraf, da galt und gilt, was in der Ehe nicht funktioniert hatte: In guten wie in schlechten Zeiten … Während bei der einen das Leben in diesem Moment einfach gut und unkompliziert lief, brauchte die andere gerade Unterstützung.

Meine Kinder wurden also liebevoll betreut, ich hatte viele Netze und doppelte Böden eingebaut, an jeden möglichen Notfall gedacht. Selbst für den Fall, dass mein Flugzeug wegen Unwetter nicht starten sollte, ich unterwegs krank würde oder aus anderen Gründen nicht reisen und pünktlich nach Hause kommen könnte, war gesorgt. Und dennoch fand ich nicht zur Ruhe. Es gelang mir einfach nicht, die Kontrolle abzugeben. Dazu musste ich mich immer wieder mit den Kommentaren anderer Frauen, Mütter oder Großmütter auseinandersetzen: »Wie kannst du als Mutter von vier Söhnen diese Reisen machen?« – »Sind deine Kinder nicht traurig, wenn du fährst?« – »Kannst du es mit deinem Gewissen vereinbaren, dass du um die Welt reist und die Kinder von fremden Menschen betreut werden?«

Diese Aussagen streuten anfangs ordentlich Salz in meine Wunden. Ich brauchte Zeit, um mich mit meiner neuen Rolle auseinanderzusetzen und meinen Perfektionsanspruch loszulassen. Ich bemerkte aber auch, dass sich irgendwie ein neues Mütterphänomen entwickelt hatte. Um mich herum beobachte ich bis heute, dass viele Frauen sich gar nicht mehr trauen, offen über ihre eigenen Wünsche zu sprechen – aus Angst vor der Kritik. Denn »gute Mütter«, so wird es uns oft vermittelt, sind ausschließlich für ihre Kinder da. Von der Geburt bis zum Gymnasium soll alles perfekt laufen: Stillen nach Vorschrift, das beste Kinderbett, gesunde Ernährung, pädagogisch wertvolles Spielzeug. So geht es weiter über die beste Sport- und Musikförderung bis zu unserer Mitarbeit in der Schule. Auf keinen Fall dürfen Mütter versäumen, in irgendeinem dieser Bereiche absolut präsent zu sein. Immer verfügbar, immer im Einsatz für das Wohl des Kindes.

Wo bleiben eigentlich wir Frauen dabei? Haben wir unser Dasein mit all unseren Leidenschaften, Fähigkeiten und

Interessen jenseits der Mutterrolle an der Tür zum Kreißsaal abgegeben? Und wo bleiben die Väter: beim Backen fürs Schulfest, beim Laterne-Basteln im Kindergarten, beim Elternstammtisch, Fahrradtraining, Zahnarztbesuch oder bei der Ergotherapie? Gibt es irgendeinen Vater, der zu hören bekommt: »Was? Du gehst vier Tage auf Geschäftsreise? Was machen denn jetzt deine Kinder?«

Auch ich geriet immer wieder an die Belastungsgrenze mit meinem Anspruch, keine Fehler zu machen und sämtliche Wünsche meiner Kinder zu erfüllen – selbst die nie geäußerten. Erst recht nach der ersten Trennung. Angefacht durch mein schlechtes Gewissen, weil ich ja meinen Kindern den Vater im Alltag genommen hatte, wollte ich ansonsten alles zweihundert Prozent richtig machen. Und richtig bedeutete für mich, meine Bedürfnisse zurückzustellen und immer und ausschließlich für die Jungs da zu sein. Dabei schoss ich sicher öfter mal übers Ziel hinaus. Heute finde ich das irrwitzig. Bis dahin war es ein langer Prozess. Wenn Männer als Polarforscher am anderen Ende der Welt arbeiteten und nur zu den Feiertagen nach Hause kämen, würden sie um ihren Job beneidet und als Abenteurer gefeiert werden. Mütter mit solchen Ideen würden mit Worten gesteinigt werden – auch von ihren Geschlechtsgenossinnen. (Warum machen wir Frauen so was?) Gleichberechtigung ist eine zähe Angelegenheit. Bis die mal wirklich existiert und die Frauenrolle sich in der Gesellschaft grundlegend ändert, bin ich wahrscheinlich längst tot. Aber was pflegt meine Mutter zu sagen: »Es gehören immer zwei dazu. Der eine, der es macht, der andere, der es mitmacht.« Das Einzige, was wir Frauen tun können, ist also, darauf zu

pfeifen, was »die Leute« denken, stattdessen eigene Priori-
täten und Werte zu definieren und ihnen treu zu bleiben,
oder?

Es dauerte viele Monate, viele Reisen, viele Gespräche,
bis ich endlich begriff, dass das Leben meiner Kinder durchaus ein paar Tage ohne mich funktionierte. Und es funktionierte nicht nur, nein, die unterschiedlichen Menschen, die
sich um meine Jungs kümmerten, waren eine absolute Bereicherung. Die vier genossen die Zeit mit dem lässigen
Alex, der nachmittags mit ihnen Fußball spielte oder Feuer
am Elbstrand machte. Sie liebten Tante Wü, die ihnen mit
einer niemals endenden Ausdauer vorlas. Bastelfee Anna be-
geisterte die Jungs mit immer neuen Ideen, baute Flugzeuge
aus Wäscheklammern und Papierhandspiele, und die großen Brüder erlaubten den kleinen heimlich, länger aufzu-
bleiben und »verbotene« Filme zu gucken.

»Das war immer megacool, wenn du weg warst«, vertraute Juri mir neulich an. Kurz musste ich schlucken. Ein
bisschen gebraucht werden, ein bisschen wichtig sein, das
will ich bei aller gewünschten Unabhängigkeit ja auch. So
sind wir Mütter wohl nun mal. Immer hin und her gerissen
zwischen Überbehütung und Freiheitsdrang, Sehnsucht
nach Auszeit und Dauerkuschelanfällen. Schnell fügte Juri
hinzu: »Aber wir haben uns natürlich auch super gefreut,
wenn du zurückkamst.« Die Anstrengung hat sich also gelohnt.

Letztlich war ich bei den Cowboys glücklich, die Kinder
waren es zu Hause, und wir alle waren es, wenn wir uns wieder in die Arme schließen konnten und von unseren Erlebnissen erzählten. Und das fühlte sich verdammt richtig an.

Trotzdem! Das schlechte Muttergewissen bleibt bei vielen Frauen ein wunder Punkt. Im letzten Jahr hatte ich an einem Sonntag im Dezember einen Termin. Wie immer kümmerte ich mich um eine Betreuung und erzählte den Jungs, dass ich am Montagmittag zurück sein würde. Juri sah mich mit großen Augen an und fragte: »Ist das nicht der erste Advent?« Dann fiel Johann ein: »Das ist aber sehr traurig, wenn eine Mutter nicht am ersten Advent bei ihren Kindern ist.« Als sie mein verdutztes Gesicht sahen, konnten sie sich vor Lachen kaum halten. Meine Jungs lieben es, ab und zu den Finger in die Mutter-Gewissens-Wunde zu legen, und machen sich zu gern lustig über meine Sorge, nicht genug für sie da zu sein. Wieder war ich in die Falle getappt. Man fragt sich, wer hier wen erzieht …

Ich denke noch heute an Jake und seine Erzählungen während unserer stundenlangen Ritte zurück. Er schwärmte von seinem Leben auf der Ranch, den Tagen auf dem Pferderücken und von seiner Frau, die die Liebe zu diesem Leben teilte. Seine Sue hatte er, wie es sich für einen Cowboy gehört, beim Rodeo kennengelernt. Am ersten Abend hatte sie ihn beim Bullenreiten bewundert. Nachdem er sich von den Verletzungen beim Sturz von dem buckelnden Tier erholt hatte, konnte er am nächsten Abend – noch etwas humpelnd, aber immerhin – schon mit ihr tanzen. Richtig gefunkt aber hatte es beim Team-Roping zwischen den beiden, einem Wettbewerb, bei dem Cowboy und Cowgirl versuchen, in wenigen Sekunden ein Rind mit dem Lasso zu fangen, es zu Boden zu werfen und zu fesseln. »Wir beide haben als Team den ersten Platz gemacht«, verriet er stolz.

»Gibt's einen besseren Start für ein gemeinsames Leben?«, fügte er lachend hinzu und spuckte auf den Boden.

Die Leidenschaft für den gleichen Lebensstil teilen zu können, ist sicher schon mal die halbe Miete für eine glückliche Ehe. Rodeo als perfektes Partnerportal inklusive Tauglichkeitsprüfung: gemeinsam ein Rind fesseln, statt bei Parship anzuklicken, ob man lieber beim Italiener oder Asiaten isst, Badeurlaub oder Städtereisen bevorzugt. Warum gibt es bei uns nur keine Rodeos!?

II

Mutter-Macken, Arthrose und
das Geheimnis magischer Ausstrahlung

Lache ich zu laut oder zu leise, wirke ich zu forsch,
zu unsicher oder zu langweilig? Und wie gehe ich mit
der sonderbaren Veränderung meines Körpers um?
Plötzlich schwabbelt es hier und dort, und ich kann
mein Gewicht auf der Waage nicht mehr ohne Brille
überprüfen. Zeit für einen Innen- und Außen-TÜV.

Plötzlich passierten Dinge mit meinem Körper, die ich so
nicht bestellt hatte. Meinen kinderfreien Samstag hatte ich
mit einem wunderbaren Wochenend-Entspannungsbad
eingeläutet. Schlagartig war es mit dem Wohlgefühl vorbei, als ich beim Haarewaschen einen meiner geliebten
Glitzer-Ohrstecker verlor. Wie angestochen sprang ich aus
der Wanne, beugte mich über den Badewannenrand und
fischte im Schaum-Wasser verzweifelt nach dem winzigen
Schmuckstück. Da fiel mein Blick auf die falsche Seite des
Wannenrandes, und ich entdeckte sie: drei Hautlappen, die
unter meinem Bauch hingen, als hätten sie mit meinem übrigen Körper nichts zu tun. Der Anblick erinnerte mich ein
wenig an die Labradorhündin aus der Nachbarschaft, die
gerade fünf Welpen geworfen hatte. Ups. Wann war denn
das passiert?

Unwillkürlich dachte ich an das Lieblingszitat meiner Mutter: »Auch das schönste Grün wird einmal zu Heu.« Erschrocken richtete ich mich auf, wobei ich versehentlich den Stöpsel zog. Ich spannte alle mir zur Verfügung stehenden Muskeln an und betrachtete mutig ein weiteres Mal meinen Bauch. Vor Schreck vergaß ich fast den Ohrstecker. Adrenalin pur. Und dann zumindest ein Erfolgserlebnis: Ich erwischte das Glitzerteil gerade noch, bevor es in der Unendlichkeit der Rohrsysteme verschwinden konnte.

Danach stieg ich auf die Waage und starrte auf die Zahl, die zu meinen Füßen erschien, erkannte aber nur verschwommene Zeichen. Ich knipste das Licht an und versuchte es noch mal – vergeblich. Ich schloss das linke Auge, das rechte, kniff beide Augen zu schmalen Schlitzen zusammen. Dann gab ich auf, sprang von der Waage, lief ins Schlafzimmer, holte meine Brille, die ich bis zu dem Tag nur zum Lesen im Bett gebraucht hatte. Voilà: 61 Kilo. Mein Gewicht hatte ich konstant gehalten, offenbar ganz im Gegensatz zu den Konturen meines Körpers.

Was hatte ich neulich gelesen: Der Anfang vom Ende beginnt bereits mit dreißig Jahren. Denn ab diesem Alter baut der Körper kontinuierlich ab, und die Elastizität der Haut lässt stetig nach – wovon ich mich ja gerade überzeugt hatte. Was hatte ich denn gedacht? Vielleicht wie so oft im Leben, dass das alles nur bei anderen passiert? Dabei hätte ich ahnen können, dass auch ich nicht forever young bleiben würde: Nachdem ich neulich mit Natalie die Nacht in High Heels durchgetanzt hatte, wollte sich mein rechter Fuß überhaupt nicht mehr erholen. »Arthrose im rechten Zeh« lautete eine Woche später die niederschmetternde

Diagnose des Orthopäden. »Ab jetzt wird nur noch in Turnschuhen getanzt.« Dazu empfahl er mir Arthritis-Einlegesohlen und Zehenschutzkissen …

Sneakers sind hip und sehen supercool aus bei großen dünnen Frauen, was immer sie dazu anziehen oder tun. Ich hingegen wirke mit meinen kurzen muskulösen Beinen beim Tanzen in Turnschuhen eher wie eine Gewichtheberin, die sich aufwärmt. Aber ob nun Arthrose oder Sehschwäche, ob glattes Haar oder lieber Locken, ob blond oder brünett, groß oder klein: Jenseits des Zauns scheint das Gras immer grüner, scheinen die Haare hübscher, die Beine länger. Und das Allerschlimmste bei diesem ewigen Hadern: Es schlägt absolut auf die Ausstrahlung!

Dabei hatte ich doch schon in der siebten Klasse am Beispiel von Karen gelernt: Man ist so attraktiv, wie man sich fühlt. Sogar mehr noch: Andere Menschen finden dich genauso hübsch wie du dich selbst. Karen gehörte keineswegs zu den Schönheiten der Klasse. Hinter ihrem Rücken witzelten wir: »Die ist wohl vergessen worden, als der liebe Gott die Schönheit verteilte.« Bösartige Verzweiflung. Karen sah das ganz anders. Sie schritt morgens zu ihrem Platz, als wäre sie ein Model. Jede Geste versprühte pures Selbstbewusstsein. Sie war die Königin, die Aphrodite unter uns Ahnungslosen. Sie war das Mädchen, das die Lehrer vorzogen, das die Jungs anbeteten und um dessen Gunst sie buhlten. Wir anderen Mädels verstanden die Welt nicht mehr, beneideten und hassten sie. Und fragten uns Tag für Tag: »Was hat sie, das wir nicht haben?«

Heute beneide ich Karen, die keine Sekunde mit ihrer blassen Gesichtsfarbe haderte oder mit der zu großen Nase, den schäbigen Secondhand-Klamotten und ihrem leichten Sprachfehler. Sie liebte sich – das war die magische Ausstrahlung, der sich niemand entziehen konnte.

Mit meiner magischen Ausstrahlung lief jedenfalls irgendwas komplett schief. Gerade letzte Woche war es wieder passiert: Ein Freund von mir ist Sänger in einer Amateurband und hatte mich zum Konzert in einer kleinen Kneipe eingeladen. Ich stand vergnügt am Tresen und wippte im Takt. Plötzlich beobachtete ich einen alten Mann, der sich mir gebückt und merkwürdig zuckend näherte. Es war eng und zu warm in der Kneipe. Vielleicht hatte er eine Kreislaufstörung, vielleicht sogar einen Herzinfarkt? Bevor ich zu Ende überlegen konnte, ob der Mann Hilfe brauchte, zwinkerte er mir zu, lächelte süffisant und tanzte anzüglich um mich herum.

Was musste ich denn bitte schön ausstrahlen, dass der sich angezogen fühlte? Höchste Zeit, mich mit meinen Zweifeln und Komplexen auseinanderzusetzen! Es gab offenbar noch eine Menge zu feilen. Und dazu gehörte auch, mich mit dem Mutter-Thema zu beschäftigen.

Wieder einmal war es Natalie, die mir einen Anstoß zum Nachdenken gab. Wir liefen den Elbufer-Höhenweg entlang. Und mitten in unser Gespräch schoss Natalie mir mit sieben Worten mitten ins Herz: »Manchmal bist du genau wie deine Mutter.«

Ich liebe Natalie seit zwanzig Jahren. Das hat ihr in dieser Situation das Leben gerettet. Jeden anderen Menschen hätte ich nämlich den Elbhang hinuntergeschubst, im Fluss ertränkt oder ihm zumindest die Freundschaft gekündigt.

Ich dachte kurz nach und bekannte mich schuldig. Ich hatte sie gerade zum dritten Mal unterbrochen.

Während Natalie leidenschaftlich von dem Streit mit ihrem Mann Markus hatte erzählen wollen, hatte ich von meinen damaligen Auseinandersetzungen mit Theo berichtet. In Anteil nehmender Frauensolidarität, wie ich dachte, die aber keineswegs so angekommen war. Aber warum traf mich dieser Vergleich so sehr?

Vielleicht, weil ich am Vortag wieder einmal eines der sehr speziellen Gespräche mit meiner Mutter geführt oder besser gesagt ihren Monologen gelauscht hatte: »Ich werde hier im Haus eine Gesprächsgruppe gründen«, hatte sie leidenschaftlich verkündet. Das klang für mich in der ersten Sekunde nach einer guten Idee. Anregende Gespräche, Anteilnahme, Austausch in der gleichen Lebensphase. Bis meine Mutter fortfuhr: »Generationsübergreifend, eine politische Runde. Alles andere langweilt mich. Und du solltest auch dabei sein mit deinen Söhnen. Ihr könntet alle eine Menge lernen.«

Ich blickte sie etwas verstört an. Meine Lust, an einer politischen Diskussionsrunde mit Senioren teilzunehmen, lag im Minusbereich. Für meine Jungs aber war die Idee geradezu absurd. Fast so, als würden sie umgekehrt die Großmutter bitten, am nächsten Graffiti-Workshop teilzunehmen. Ungeachtet meines Gesichtsausdrucks fügte sie noch hinzu: »Ich werde die Interessenten aussuchen. Auf keinen Fall möchte ich Teilnehmer in der Gruppe aufnehmen und mit Menschen reden, die eine andere politische Meinung haben. Das finde ich anstrengend!«

Ich war verblüfft, dass es mir auch nach jahrzehntelanger

Desensibilisierung noch die Sprache verschlagen konnte. Ich brauche wohl nicht zu erklären, dass es – sehr zur Verwunderung meiner Mutter – gar keine Interessenten gab.

Ich entschuldigte mich bei Natalie. Und dachte weiter über meine Mutter und mich nach: Erzählte ich, dass die Jungs im Hockey gewonnen hatten, konterte sie sofort damit, wie weit sie als junges Mädchen bei Leichtathletik-Wettbewerben hatte springen können, wie gut sie Ski fahren und Tennis spielen konnte. Versuchte ich, von unseren Ferienerlebnissen zu erzählen, überrollte sie mich mit ihren Urlaubserinnerungen, und so weiter und so fort. Ich möchte so nicht sein, weil es anstrengend ist und wehtut. Und dann erwische ich mich eben doch dabei. Weil ich wohl einige Verhaltensmuster meiner Mutter genauso mitbekommen habe wie die glatten dünnen Haare und brüchigen Fingernägel.

Das Kämpfen gegen einige der mütterlichen Anteile scheint mir manchmal so vergebens wie die morgendlichen Sit-ups gegen meine Bauchfalten. Ich rede viel und zu schnell, lache zu laut und habe eine Neigung zu schwarzem Humor. Vielleicht auch zu schlechtem. Jedenfalls sagte Ehemann Nummer zwei regelmäßig: »Merkst du eigentlich nicht, dass du die Einzige bist, die über deinen Witz lacht?« Außerdem handele ich oft zu spontan aus dem Bauch heraus, Ernährungsvorsätze halten bei mir nur so lange, bis der Korken ploppt, ich bin manchmal ungeduldig … Die allerschlimmste Eigenschaft aber: Ich fokussiere mich gern ausschließlich auf meine negativen Attribute. Und das ist nicht nur mein Problem.

Neulich habe ich in meine Freundinnenrunde gefragt: »Wer von euch ist mit sich zufrieden?«

Wie viele von acht Frauen haben wohl »Ich!« geschrien? Keine einzige!

Weil sie lieber zuhört als spricht, findet Monika sich etwas langweilig, Babette hasst ihr manchmal pedantisches Wesen, Simone versucht seit Jahren, ihren Putzwahn abzuschütteln, Petra findet sich oft zu geizig, Tina hadert mit ihrer Unsicherheit. Und alle hatten Probleme, auch nur eine gute Eigenschaft an sich zu benennen.

Gegenseitig klappte das allerdings sofort: Ich beneidete Monika um ihr ruhiges, ausgeglichenes Temperament, das ich anziehend und weiblich finde. Ich wünschte, ich könnte so exakt arbeiten wie Babette oder hätte meinen Haushalt so im Griff wie Simone und die Finanzen wie Petra.

Ich gab noch einen drauf: »Und was würdet ihr gern an eurem Äußeren ändern?«

Jetzt waren die Frauen überhaupt nicht mehr zu bremsen. Und ich war überrascht, was sie alles an sich reklamierten: Monika fand ihren wunderschönen Busen zu mächtig, Tina hasste ihre zu große Nase, die sie in meinen Augen superattraktiv machte, und Babette beklagte sich tatsächlich über ihre langen und zu dünnen Beine. Wäre es möglich zu tauschen – für solche Beine hätte ich einen Millionenkredit aufgenommen. Der reine Wahnsinn, was jede Frau an sich auszusetzen hatte – mich eingeschlossen. Trotzdem predigte ich ständig Mutters Weisheiten: »Auf jeden Topf passt ein Deckel. Schönheit liegt im Auge des Betrachters.« Vom Verstand her war mir durchaus klar: Wichtig ist nur, dass man endlich Frieden schließt mit dem eigenen Wesen und Körper und die individuellen Vorzüge selbstbewusst präsentiert. Hand aufs Herz – würde ich mich in einen Cowboy verlieben, der mir erzählt: »Ich finde, Chaps, Sporen und Westernstiefel stehen meinen Kollegen viel besser als mir mit meinen kurzen Beinen«?

Es galt die Karen-Methode. Oder auch frei nach Eva-Maria Zurhorst: »Liebe dich selbst, und es ist egal, wen du heiratest.« Ein Spruch und Buchtitel, der erst einmal schwer zu verstehen ist, der irritiert und sogar provoziert. Aber je mehr ich mich auf den Inhalt einließ, desto besser verstand ich. »Nie würde sich der Samen einer Sonnenblume beim Heranwachsen fragen, ob er lieber ein Apfelbaum werden möchte. Er wächst einfach und wird die beste Sonnenblume, die er werden kann.« Klar gibt es Menschen, die sich ein Leben ohne Apfelbäume nicht vorstellen können, aber es gibt eben auch absolute Sonnenblumen-Liebhaber. Warum verschwendete ich, genau wie meine Freundinnen und so viele andere Frauen, so oft meine Kräfte darauf, eine mangelhafte Apfelbaumkopie zu werden statt eine verführerische Sonnenblume? Warum änderte ich nicht einfach nur das, was zu ändern war, etwa indem ich aufhörte, Menschen beim Reden zu unterbrechen?

Ob nun Mutter-Macken oder Schwabbelalarm, ich war fest entschlossen, ab sofort mein Potenzial voll auszuleben. Ich wollte werden, wer ich bin: die Karen unter den Cowgirls, wollte mich nicht länger von Selbstzweifeln aus dem Sattel werfen lassen, dem Leben die Sporen geben. Und ich war sicher: Schon bald würde kein Cowboy mehr meiner magischen Ausstrahlung widerstehen können.

Nur wie anfangen? Und wie ging das überhaupt noch mal mit dem Flirten? Mal gucken, was Google dazu sagt, dachte ich. Nachdem ich »Flirten lernen« eingegeben hatte, ploppten Hunderte von Einträgen auf. Offensichtlich war ich bei Weitem nicht die Einzige, die da aus der Übung gekommen war. Ich scrollte durch die Seiten und stieß auf die Lebens- und Liebesexpertin Nina Deißler, die verschiedenste Kurse für Singles anbot. Um meinen neuesten Entwicklungsprozess wirkungsvoll zu boosten, buchte ich sofort ein Wochenendseminar.

12

Die Käsetheken-Challenge oder: Kann man Flirten wirklich lernen?

Wie die Spannkraft der Gesichtshaut hat offenbar auch meine Fähigkeit zum Flirten nachgelassen. Zum Glück gibt's Hilfe. Und: Die Liebe kommt immer, wenn man sie am wenigsten erwartet. Ich wäre dann jetzt wieder mal so weit …

»Gehste aach zu de Nina?«

Ich verschluckte mich fast an meinem Franzbrötchen. Mein Gegenüber im Bus lächelte mich freundlich an, während ich erschrocken mit Kaffeebecher und Brötchentüte hantierte. Nachdem ich am vergangenen Abend vor Aufregung vor dem Flirtseminar nicht hatte einschlafen können, hatte ich am Morgen den Wecker überhört und keine Zeit für ein Frühstück zu Hause gehabt. Verstohlen wischte ich mir die Krümel vom Mund, musterte irritiert den jungen, attraktiven Mann und fühlte mich ertappt. Woran, um Himmels willen, hat der gleich erkannt, dass ich auf dem Weg ins Komm-in-Kontakt-Seminar bei Nina Deißler bin?, überlegte ich. Und überhaupt, das letzte Mal, als jemand in einem öffentlichen Verkehrsmittel in Hamburg etwas zu mir sagte, war das bei einer Fahrkartenkontrolle. In Hamburg spricht man nicht einfach Menschen an. Aber wie unschwer zu erkennen war, kam der smarte Mann ja auch gar nicht aus dem kühlen Norden.

»Die Uhrzeit is rischtisch, die Rischtung is rischtisch, und nett biste aach«, löste er das Rätsel auf und stellte sich als Martin vor.

Ich entschloss mich, die zweite Hälfte des krümelnden Franzbrötchens nicht unter Beobachtung zu essen, und stopfte es zurück in die Tüte, wobei mir der Rest des Kaffees über meiner Bluse auslief. Na super – mit Fleck zum Flirtkurs.

»Soll isch dir was abnemme?«, bot Martin an. Dann erzählte er mir vergnügt, dass er am Vorabend, zur Einstimmung auf das Flirtseminar, schon an dem zweistündigen Workshop »Finde deine Magie« teilgenommen hatte. Daher also das gewinnende Lächeln und die lockere Unterhaltung.

Ich dagegen hatte mich die halbe Nacht in den Kissen gewälzt und mir den Kopf zerbrochen. Ich meine, ich kenne niemanden in meinem Freundeskreis, der je bei einem Flirtkurs war, der plant, an einem Flirtkurs teilzunehmen, oder jemanden kennt, der es in naher oder auch ferner Zukunft zu tun beabsichtigt. Ob es nicht vielleicht doch eine irrwitzige Idee gewesen war, mich zu diesem Kurs anzumelden? Zweimal verheiratet und wieder geschieden, vier Kinder, über fünfzig – kann man Flirten da überhaupt noch lernen? Oder wieder lernen? Irgendwann muss ich das ja offensichtlich mal gekonnt haben, denn Männer und Kinder waren schließlich nicht mit der Post ins Haus getrudelt. Früher war es einfacher gewesen, mit Menschen und Männern in Kontakt zu kommen, aber irgendwann hatte sich schleichend irgendwas geändert, hatte mit schwindender Spannkraft der Gesichtshaut auch die Leichtigkeit und vor allem die Fähigkeit zum Flirten nachgelassen.

Als wir unser Ziel erreichten und aus dem Bus stiegen, war mir schon etwas mulmig. In Gedanken versunken, trottete ich neben Martin zum Seminarraum. Was sind das wohl für Menschen, die mit mir ein Wochenende lang die Schulbank in Sachen Liebe drücken wollen?, fragte ich mich und dachte an frustrierte Frauen mit Torschlusspanik kurz vor der Menopause, die noch einmal so richtig Gas geben wollten, Seniorinnen, die auf der »Zielgeraden« noch einmal die große Liebe erleben mochten, kurz: eine skurrile Ansammlung einsamer Herzen. Und was, wenn alle erst knapp über dreißig wären, so wie Martin?

Dann würde ich in der ersten Kaffeepause unauffällig verschwinden.

Ob überhaupt weitere Männer dabei waren? Meistens sind die ja eher nicht sehr aufgeschlossen gegenüber jeglicher Art von Selbstfindungs-, Erfahrungs- und Psychoseminaren. Umso überraschter war ich, als ich wenig später die anderen dreizehn Teilnehmer kennenlernte: Außer mir waren sieben weitere Frauen und acht Männer am Start, ein bunter Haufen völlig normaler Menschen zwischen dreißig und sechzig, die nicht im Geringsten den Eindruck machten, als kämen sie von der Resterampe oder wären sonst irgendwie benachteiligt von der Natur. Apropos benachteiligt: Wieso hatte so ein Adonis wie Martin es überhaupt nötig, hier im Seminar zu sitzen? Wäre mir mit dreißig ein solcher Mann begegnet, wäre ich vermutlich ohnmächtig geworden vor Aufregung.

Und da war sie: Nina Deißler, durch die Presse bekannt als Date-Doktor und Flirtexpertin. Im ausgeschnittenen Sommerkleid mit knallrot geschminkten Lippen und strahlenden Augen war sie die Weiblichkeit in Person. Wenn ich mit dieser Ausstrahlung am Elbstrand unterwegs wäre – ich kann nur sagen: Achtung Hunde! Nehmt eure Herrchen an die Leine! Keine Sekunde zweifelte ich daran, dass diese Frau ihrem Titel alle Ehre machte.

Als Erstes fragte uns die Liebesexpertin: »Was wollt ihr hier überhaupt?«

Ups! Was für eine Frage. Auch um mich herum sah ich irritierte Blicke. War das nicht eigentlich klar? Wollten wir nicht alle das Gleiche? Nicht mehr allein sein, jemanden finden, der uns ergänzte wie der Stiel die Rosenblüte, wieder verliebt sein, nein, eigentlich mehr … So einfach war es dann eben doch nicht, die eigenen Wünsche konkret in Worte zu fassen und auch noch vor anderen preiszugeben. Nach ein paar Schweigeminuten hoben sich die ersten Hände: »Ich möchte lernen, meine Scheu zu überwinden und unbefangen auf Männer zugehen zu können«, sagte Sybille.

»Ich weiß nicht, wie man Männer am besten anspricht«, verriet Anke uns.

Und jetzt erfuhr ich auch, was Martins Problem war: »Des war immä so, dess die Weiber misch ausgesucht ham. Isch möscht escht abba ach gern uff de Reihe kriesche, meine Traumfraa anzubabbele.«

Und ich? Ich wollte die Erfahrungen der Vergangenheit hinter mir lassen. Wollte lernen, wie man unbeschwert flirtet, und wissen, wie der Wurm hieß, der mich daran hinderte, nach der Scheidung den richtigen Partner zu finden. Warum nur schickte das Schicksal mir ständig Männer wie Portal-Paul über den Weg? Das Kreisen um diese Gedanken unterbrach Nina mit ihrer Frage: »Und warum wünscht ihr euch überhaupt einen Partner?«

Nun flogen die Antworten nur so durch den Raum:

»Weil es schöner ist, Erlebnisse zu teilen.«

»Weil das Leben zu zweit leichter ist.«

»Weil ich nicht mehr allein einschlafen und aufwachen möchte.«

»Weil ich nicht allein alt werden möchte.«

»Weil Liebe und Sex unentbehrlich für mich sind.«

»Weil ich eine Familie gründen möchte.«

Die Frage nach dem Grund für den Partnerwunsch hörte ich ehrlich gesagt dauernd. Offensichtlich konnten sich nur wenige Menschen vorstellen, warum ich nach zwei gescheiterten Ehen nicht langsam mal die Nase voll hätte von Männern. Vor allem, weil ich doch so einen großen Freundeskreis hätte.

Natürlich bin ich überglücklich, dass ich Freundinnen und Freunde habe, die mich durch alle Turbulenzen des Lebens begleiten. Aber am Ende des Tages verschwinden alle eben wieder in ihr Leben, und ich krieche allein in mein viel zu großes Bett.

»Ein Mensch kann einsam sein, obwohl er von vielen geliebt wird, wenn er nicht für einen Menschen der Liebste ist«, steht im Tagebuch von Anne Frank. Mich hat das sehr berührt. Ich wollte wieder Lieblingsmensch sein!

»Und dem lauft ihr jeden Tag mindestens einmal über den Weg«, behauptete Nina. »Die gute Nachricht ist nämlich: Es gibt nicht nur die eine große Liebe im Leben. Unter tausend Männern ist einer dabei, der zu euch passt.«

Ich hatte es doch immer geahnt, dass da noch was ginge nach Little Joe, Ehemann eins und Ehemann zwei. Obwohl es in Hamburg einen leichten Frauenüberschuss gibt, wie die Einwohnerzahlen besagen, leben rund 900 000 Männer in der Stadt. Ziehen wir die ab, die unter das Jugendschutzgesetz fallen, und alle, die im Seniorenheim leben, bleiben also noch immer ein paar Hundert Männer für mich übrig. Aber wenn ich die alle daten muss? Puh! Das klingt anstrengend.

Als könnte Nina Gedanken lesen, sagte sie: »Ihr müsst euch natürlich nicht mit allen verabreden, sondern eben nur die Augen offen halten, damit ihr den Richtigen nicht überseht.« Sie lachte. »Ich bin immer erstaunt, wie tief der Kopf einer Frau in ihrer Handtasche verschwinden kann, wenn ein Mann auftaucht, den sie interessant findet.«

Das Phänomen kannte ich auch. Ich war locker, lustig und aufgeschlossen, solange Männer mich nicht als Partner interessierten, was mir immer mal wieder schmachtende Verehrer bescherte. Aber kaum war ich ernsthaft interessiert an einem Mann, verschlug es mir die Sprache.

»Warum ist das so?«, wollte Nina wissen und guckte in die Runde. Ich fühlte mich wie im Sexualkundeunterricht in der siebten Klasse und wäre am liebsten unter den Stuhl gerutscht. Hoffentlich blieb ihr Blick nicht an mir hängen. Eine Situation kennen und darüber offen zu reden sind zweierlei!

Zum Glück schnellten viele andere Hände in die Höhe. Die übrigen Frauen hatten sich im Gegensatz zu mir schon warmgelaufen: »Weil der Mann nicht merken soll, dass ich ihn gut finde. Weil es peinlich ist, wenn er denkt, ich will was von ihm.«

»Weil ich nicht wirken möchte, als hätte ich es nötig.«

»Also am besten nichts tun, damit der andere nichts merkt und nichts denkt«, fasste Nina zusammen. »Mit dem Ergebnis, dass eben auch nichts passiert.« Ich drehte mich auf meinem Stuhl in der ersten Reihe um und beobachtete die Gesichter der anderen. Während die meisten Männer zustimmend grinsten, waren die Frauen, die eben so enthusiastisch ihre Gedanken in den Raum geworfen hatten, verstummt. Allesamt guckten wir betreten aus der Wäsche.

»Glaubt ihr, das ist ein erfolgreicher Weg, um mit Menschen in Kontakt zu kommen?« Nina lachte erneut. Ein nettes, ermunterndes Lachen. »In meiner Welt entscheide ich, was ich tun und denken darf. Und dafür dürfen auch die anderen über mich und überhaupt denken, was sie wollen.«

»Die Meinungen anderer ignorieren? Das schaffe ich nicht«, stöhnte Anke.

»Ich glaube, ich bin nicht selbstbewusst genug, um das auszuhalten«, stimmte Sybille zu.

Mir ging es auch nicht viel besser.

Warum? Vielleicht, weil wir Frauen noch immer einen schweren Moralrucksack mit zu vielen Das-gehört-sich-nicht-Paketen auf dem Rücken tragen. Jeder kennt die Geschichte mit den tausend Fröschen, die man angeblich küssen muss. Präsentiert ein Mann auf der Suche nach seiner Prinzessin wechselnde Schönheiten an seiner Seite, gilt er als toller Hecht, wird augenzwinkernd bewundert, um seine

Aufrisse beneidet. Wechselt hingegen eine Frau auf der Suche nach der Liebe ihre Partner, wird geschludert und gelästert, was das Zeug hält – sogar von den eigenen Geschlechtsgenossinnen: »Schon wieder ein neuer Mann? Arbeitet die jetzt beim Escort-Service? Was sollen bloß ihre Kinder denken?« Und dabei kann Partnersuche doch nur nach dem Trial-and-Error-Prinzip funktionieren, oder? Aber Frauen haben dabei einen Ruf zu verlieren, Männer nicht. Punkt. So ist es uns über Jahrhunderte eingetrichtert worden. Wen wundert es also, dass sich viele Frauen entweder gar nicht mehr trauen oder sich nur vorsichtig bis ängstlich überhaupt in die Nähe von Fröschen wagen?

Immer tun und denken, was man möchte, und sich von den Urteilen anderer freizumachen, hörte sich verdammt verlockend und nach großer Freiheit an. Ich begriff sofort, dass Nina recht hatte. Man musste sich nur trauen! Das klang nach einer großen Aufgabe und einigen Stunden Nachhilfe.

Und deshalb gab es im Seminar auch gleich ein wenig Praxis. Statt Antipasti und Pasta hieß es in der Mittagspause, die Italienerin in mir zu entdecken. Allerdings schnellte mein Adrenalinspiegel beim Blick auf den Arbeitszettel dann doch ganz unitalienisch in die Höhe:

- *Gehe in ein Geschäft und frage einen Mann, ob du ihm helfen kannst.*
- *Mache jemandem ein Kompliment.*
- *Stelle dich irgendwohin und singe ein Lied.*
- *Frage jemanden, ob er eine Umarmung möchte.*

Und los ging's. Ich entschied mich für den Supermarkt. An der Käsetheke stand mein erstes Versuchskaninchen, ein Mann, der hilflos die Auswahl betrachtete. Entschlossen steuerte ich auf ihn zu.

»Also, mir schmeckt der Bergkäse am besten zum Rotwein!« Ich schenkte dem absolut ansprechenden Exemplar noch mein schönstes Lächeln, dann ging ich weiter.

Bis zur Kasse folgte mir sein Blick. Euphorisiert von dem Erfolg entschloss ich mich, es auf dem Rückweg zum Seminarraum gleich noch mal zu versuchen. Ich sah mir die Menschen an, die mir auf dem Bürgersteig entgegenkamen, ohne nach links und rechts zu gucken, die meisten mit Blick aufs Smartphone. So auch der dunkelhaarige Typ mit dem Aktenkoffer in der Hand, den ich für meine Übung ausgesucht hatte. »Sie haben eine tolle Ausstrahlung. Ich wünsche Ihnen einen guten Tag.«

Überrascht hob er den Blick vom Handy und strahlte übers ganze Gesicht über das Kompliment. »Ich Ihnen auch«, hörte ich ihn im Weitergehen flüstern. Ich fühlte mich wie beim Yoga, als ich zum ersten Mal im Handstand an der Wand thronte.

Zurück im Seminarraum, wollte Nina natürlich wissen, was wir erlebt hatten. Vergnügt tauschten wir unsere Erfahrungen aus. Martin hatte auf dem Weg in die Innenstadt nicht nur weitere Frauen im Bus angesprochen, sondern sich auch getraut, mitten in der gut besuchten Fußgängerzone ein Lied zu singen. Und was war passiert? Die Leute waren fröhlich stehen geblieben, hatten gelacht und geklatscht.

Sybille hatte einen Mann, der mit seinen Freunden im Straßencafé saß, um seine Telefonnummer gebeten.

»Und?« Wir hingen ihr an den Lippen.

»Er hat sie mir sofort gegeben!«

Thomas hatte eine junge Frau gefragt, ob er sie umarmen dürfe. Zum Dank hatte er sogar einen Kuss auf die Wange erhalten. Die wichtigsten Erkenntnisse für uns alle: Wir hatten überlebt! Es war ein tolles Gefühl, den inneren Schweinehund überwunden zu haben. Und die von uns angesprochenen Männer und Frauen hatten sich offenbar allesamt über unsere Kontaktaufnahme gefreut!

»Ich bin wirklich froh, dass Männer so viel einfacher sind«, fuhr Nina lachend fort. »Wären die so kompliziert wie wir Frauen, mit all unserem Misstrauen und dem Sich-Gedanken-Machen, wären wir längst ausgestorben. Männer mögen Frauen. Und Männer möchten Frauen kennenlernen. Aber nur ein Volltrottel spricht eine Frau an, die desinteressiert und abweisend wirkt. Männer warten daher auf ein Zeichen, eine kleine Aufmunterung von euch.«

Auch das durften wir gleich am lebenden Objekt üben. Männer und Frauen stellten sich im Raum einander gegenüber. Durch intensiven Blickkontakt sollten wir jemand anderen auffordern, zu uns zu kommen. Es fiel mir schwer, einem fremden Mann tief in die Augen zu schauen – sogar hier im Rollenspiel. Ich fixierte Martin, blinzelte und lächelte, aber nix passierte.

»Männer brauchen manchmal etwas länger«, sagte Nina gut gelaunt. Tatsächlich hatte ich längst das Gefühl, dass ich mir die Augen aus den Höhlen guckte. Endlich begriff Martin. Er strahlte mich an und trottete auf mich zu.

Wir merkten: Hier ein gewinnendes Lächeln, da eine kleine Aufmunterung, dort ein freundliches Wort – Flirten bereitet Freude. Und zwar allen, die daran beteiligt sind.

»Verlasst eure Komfortzone, geht in Kontakt mit Menschen, traut euch, euer Leben zu verändern«, ermutigte uns Nina. »Es ist so leicht, immer nur gewohnte Wege zu gehen, alles so zu tun wie bisher, aber der leichte Weg führt bestimmt nicht ins Glück. Stellt euch vor, was mit euch passiert und wie ihr euch fühlt, wenn ihr nichts ändert und allein bleibt. Wie seht ihr euch in sechs Monaten? In fünf Jahren? Oder sogar in zwanzig Jahren?«

Um mich herum bemerkte ich lauter bedröppelte Mienen. Die Gedanken standen uns ins Gesicht geschrieben – nackte Angst!

Nina erklärte uns auch das größte Hindernis auf dem Weg zum Traumpartner: die ungeheure Kraft der negativen Gedanken. Mir war das ja bereits bewusst geworden, dennoch war es richtig gut, dass Nina das Thema noch mal aufgriff. Sie verriet uns die echten Killer-Glaubenssätze, die uns alle komplett lähmen:

Ich bin nicht gut, hübsch, klug genug.
Es ist so schwer, ich schaffe das nicht.
Die Welt ist schlecht, und ich bin ein Opfer.
Es ist sowieso alles total sinnlos.

Ich kannte sie alle. Ich hörte sie auch ständig um mich herum.

»Und jetzt verabschiedet ihr euch endlich von der Scheißangst, nicht gut genug zu sein. Es ist Zeit, euch zu trauen, denn es gibt absolut nichts zu verlieren! Und denkt dran: Flirten ist wie Marketing. Es ist schlecht, für etwas zu werben, wenn man das Produkt selbst nicht mag.«

Da hatten wir es also wieder: das Karen-Prinzip, das ich begriffen hatte, aber noch nicht anwenden konnte.

Als Nächstes sollten wir unserem Sitznachbarn erzählen, warum es sich unbedingt lohne, uns kennenzulernen. Ich drehte mich zu Martin um und begann stotternd: »Ich habe viel Humor und bin kreativ. Ich bin flexibel, leicht für neue Ideen zu begeistern …«

Martin blickte mich aufmunternd an. »Isch sach dir ma aans, wenn de zwansisch Jah wenischer uffde Buggel hättst, wärste escht die Rischtische für misch.«

Und weil es mit der Selbstvermarktung wie in der Werbung allgemein funktioniert, hatte Nina die alte AIDA-Formel einfach flirttechnisch angepasst.

A: Aufmerksamkeit
Studien zeigen: Unter tausend Männern ist ein passender Partner für dich. Die Kunst ist, ihn zu entdecken und ihm aufzufallen. Geh mit offenen Augen durchs Leben!

I: Interesse
Zeige und wecke Interesse: Nimm Blickkontakt auf und lächele Männer an, die dir auffallen. Unser Körper zeigt ganz unbewusst, was in uns vorgeht. Mache dir »einladende Gedanken«, dann sind auch automatisch Gesten und Mimik einladend.

D: Desire (Verlangen)

Du möchtest mehr als nur lächeln – er auch?
Schenk ihm einen zweiten und dritten intensiven Blick,
der sagt: »Ich habe dich gesehen – trau dich ruhig!«
Oder zeig eine kleine Geste wie ein Nicken oder einen
schelmischen Blick. Männer brauchen in der Regel
länger, um Signale zu erkennen …

A: Action

Du brauchst nicht den ersten Schritt zu machen. Aber
siebzig Prozent aller Flirts werden tatsächlich von
weiblicher Seite aus initiiert. Es ist die Aufgabe der
Frau, dem Mann zu zeigen, dass er nicht befürchten
muss, abgelehnt zu werden oder sich zu blamieren,
wenn er auf sie zugeht.

Zum Schluss verriet uns Nina ihre Gummibärchen-Theorie: »Das Leben ist wie eine Tüte Gummibärchen. Die
Chance, dass ihr beim ersten Griff nicht euer Lieblingsbärchen erwischt, ist groß. Schmeißt deswegen nicht gleich
mit den Worten ›Das wird sowieso nichts‹ die ganze Tüte
weg. Legt das falsche Bärchen zurück und greift so lange in
die Tüte, bis ihr euer Lieblingsbärchen erwischt habt.«

Ich persönlich glaube, dass jeder Italiener sich lachend auf
die Schenkel schlagen würde bei der Idee, einen Flirtkurs zu
belegen. Und keine Französin würde sich vermutlich danach erkundigen, wo sie lernen könnte, ihre Weiblichkeit
zu leben. Würde Nina ihre Kurse im Süden anbieten, wäre
sie schon pleite. Denn dort gehören Flirten und der lockere

Umgang zwischen Frauen und Männern zum Alltag und zur Lebensfreude wie der Wein zum Essen. Wir Deutschen, scheint mir, sind manchmal schon etwas verkrampft oder verkopft oder was auch immer.

In den zwei Seminartagen habe ich mich Dinge getraut, die ich noch nie getan hatte, und gemerkt, wie viel Spaß es machen kann, über den eigenen Schatten zu springen und mit einem Lächeln Freude zu verbreiten, ein klein wenig die Französin in mir zu entdecken. Alles zusammen fühlte sich gut an.

Und das Beste daran: Ich lernte nicht nur, wie ich spielend leicht mit Männern in Kontakt kommen kann, sondern das Seminar veränderte auch meinen Alltag und überhaupt mich: Ich bin seither aufmerksamer geworden gegenüber meinen Mitmenschen und gehe mit offeneren Augen durchs Leben. Ich biete nicht nur Männern an der Käsetheke Hilfe an, sondern habe auch ein nettes Wort für die Kassiererin im Supermarkt, die gestresste Mutter, die sich mit zwei Kleinkindern durch die Gänge kämpft, oder die alte Dame, die so verloren an der Ampel steht, und sogar für den Busfahrer. Ich mache nicht nur Männern Komplimente, sondern habe für viele Menschen, die mir im Alltag positiv auffallen, ein freundliches Wort. Und weil es so viel Spaß macht, gute Stimmung zu verbreiten, und sich die meisten Menschen darüber freuen, ertappe ich mich dabei, dass ich mit einem Lächeln im Gesicht durch den Tag laufe. All das funktioniert nicht immer, aber viel öfter als früher.

Um mit dem Flirten in Übung zu bleiben, sprach ich gleich am Montag danach beim Hundespaziergang einen Mann an, der gerade mit ölverschmierten Klamotten unter seinem Wohnmobil auftauchte: »Urlaub im Camper? Was für ein Traum! Ich wünsche Ihnen wundervolle Ferien!«

Er lächelte überrascht und sah mir hinterher, während ich einfach weiterging. Absolutes Suchtpotenzial – dieses Gefühl. Vielleicht traute ich mich beim nächsten Mal sogar, stehen zu bleiben?

13

Hiobsbotschaften und Herzbluten: Der Ex ist neu verliebt

Schock! Obwohl ich happy bin mit mir und meinem
Leben, trifft es mich mitten ins Herz, als mein Ex
von der neuen Frau in seinem Leben erzählt.
In Sachen »unangebrachte Eifersucht« schlage ich
einige Rekorde.

»Ich muss kurz mit dir reden«, druckste Tom auf dem Weg zum Auto. Die Kinder waren schon vorgelaufen und freuten sich auf ihr Papi-Wochenende. Links trug ich eine Tüte mit Müll, rechts die Tasche mit den Klamotten für die Jungs. Sofort sendete meine Bauchgegend unspezifische Warnsignale, die meinen Puls beschleunigten. Ich fühlte mich wie eine Kuh, die schon auf dem Viehtransporter steht, aber noch nicht weiß, dass es zum Schlachthof geht.

»Ich wollte dir sagen … Also, es ist so … Ich habe eine Freundin.« Die vier Worte trafen mich ohne Airbag und Seitenaufprallschutz direkt ins Herz. Tom sah mich an. »Es ist mir sehr ernst mit Camilla«, sagte er. »Ich wollte nur, dass du es vor den Jungs erfährst …«

Ich suchte nach irgendwelchen Worten, aber meine Stimme versagte. So fühlte es sich also an, wenn es einem die Sprache verschlug. Was tun, damit meine Stimme wieder ihren gewohnten Dienst aufnahm und ich mich von den Jungs verabschieden konnte?

Tom und ich hatten gemeinsam festgestellt, dass wir als Paar nicht funktionierten, uns nicht glücklich machen konnten. Wir hatten uns im Guten getrennt, mein Ex war ein echter Freund für mich geworden, und hätte ich in der Wüste eine Motorpanne oder einen Wasserschaden im Haus gehabt, wäre er der Erste gewesen, den ich angerufen hätte. Wir waren und sind Vertraute und vor allem Eltern und hegen trotz unserer gescheiterten Ehe positive Gefühle füreinander. Was nicht heißt, dass ich Tom als Mann hätte wiederhaben wollen. In diesem Moment fühlte ich mich trotzdem verraten. Aber warum? Warum bitte tat die »Ich habe eine Freundin«-Nachricht dann so ungeheuer weh? Ich hatte doch selbst deutlich erkannt, dass Tom nicht zu mir passte. Sonderbarerweise hatte diese Erkenntnis ebenso wie die Tatsache, dass ich rundherum happy mit mir und meinem Leben war, überhaupt nichts mit der Schmerz- und Gedankenwelle zu tun, die mich gerade überrollte: *Kaum bin ich weg, bekommt sie nun alles von ihm, was ich mir immer gewünscht habe. Bestimmt ändert er jetzt genau das, was ich immer bemängelt und bemeckert habe. Sie erntet also die Früchte meiner harten Arbeit.*

Holla, war das mein Ernst? Nein! Dennoch: Es gelang mir nicht, meine irrationalen Gedanken unter Kontrolle zu bekommen. Ich verstand mich selbst nicht, war völlig überrascht, dass ein Teil von mir die Trennung nur in Ordnung fand, solange der Ex mich nicht ersetzte. Aber was hatte ich denn gedacht? Dass er »nach mir« für immer allein bleiben und nur von den Erinnerungen an unsere unvergleichlichen Zeiten zehren würde?

Wortlos drückte ich Tom die Abfalltüte in die Hand und lief weiter zum Mülleimer. Er konnte mich gerade noch einholen, bevor ich die Kinderklamotten in die Tonne warf.

»Und jetzt?« Ich räusperte mich, weil meine Stimme etwas heiser klang. »Wie geht es jetzt weiter mit dir und den Kindern und so?«

Tom sah mich verwundert an. »Alles bleibt natürlich wie bisher!«

Das war's. Er stieg ins Auto und fuhr mit meinen Söhnen ins Freundin-Kennenlern-Wochenende. Ich konnte den Jungs gerade noch einen Abschiedsschmatzer auf die Wange drücken, dann war meine Familie weg. Und nichts in meinem Leben fühlte sich gerade an »wie bisher«.

Eigentlich hatte ich gedacht, dass ich souverän und erwachsen geworden wäre, spätestens seit der ersten Scheidung und den positiven Erfahrungen mit Theos Freundin Sabrina. Meine miesen Gedanken bewiesen das Gegenteil. Plötzlich fühlte ich mich wieder wie ein Teenager.

Auf einer Kellerparty beim Flaschendrehen war ich zu meinem ersten Freund gekommen. Wir saßen im Kreis und drehten eine der bereits geleerten Weinflaschen: Derjenige, auf den der Flaschenhals zeigte, durfte sich entscheiden, ob er eine Frage beantworten oder eine kleine Mutprobe erfüllen wollte. Mit fünfzehn war ich die Jüngste, zum ersten Mal dabei und beobachtete mit mulmigem Gefühl den Spielverlauf: Kai hatte bereits ein Glas Apfelkorn aus Sabines Bauchnabel getrunken, und Frank hatte uns mit hochrotem Kopf von seinem »ersten Mal« erzählt. Ich fühlte mich zwischen den Älteren wie ein Lamm, das zur Schlachtbank geführt wurde. Als der Flaschenhals auf mich zeigte, versank ich fast im Erdboden. Und da ich bis zu jenem Tag keinerlei pikante Geschichten offenbaren konnte, entschied ich mich für die Aufgabe, mit Volker in den Garten zu gehen, um ihn zu küssen. Ich hatte noch nie zuvor einen Jungen geküsst und hatte Riesenbammel. Aber wie sagt meine Mutter immer: »Je eher daran, desto eher davon.« Und es hätte mich wahrlich schlechter treffen können. Volker sah aus wie Rod Stewart in jung und war mit Abstand der süßeste Junge in der Runde. Wir blieben eine Viertelstunde und knutschten herum, und als Volker mich fragte, ob ich nun auch »mit ihm gehen« wolle, sagte ich Ja. Drei Wochen trafen wir uns in den Pausen hinterm Pavillon, dann brannte mein Herz für Axel, und ich machte Schluss mit Volker. Volker wartete nach der Schule auf mich, bot mir an, mich auf meinem Fahrrad mit seinem Mofa nach Hause zu ziehen, schrieb mir Liebesbriefe und versuchte mich zurückzuerobern. Ich schenkte ihm keinerlei Beachtung mehr – bis er mich abschrieb und sich in Monika verliebte. Als ich das erfuhr, schrillten alle Alarmglocken. Wieso verliebte sich mein erster Freund einfach in eine andere? Dass ich Axel hatte, spielte für dieses Gefühl schon damals nur eine untergeordnete Rolle. So lernte ich zwei Dinge. Erstens: Wenn zwei das Gleiche tun, ist es noch lange nicht dasselbe. Zweitens: Jeder Mensch ist ersetzbar.

Aber ich war damals keineswegs bereit, das hinzunehmen. Jetzt fragte ich Volker, ob er mich nach der Schule nach Hause ziehen könnte, schrieb ihm feurige Botschaften, die ich ihm auf dem Pausenhof zusteckte, und versuchte, ihn hinter Axels Rücken zurückzuerobern. Mein Interesse verlosch allerdings sofort, als er beteuerte, sich von Monika zu trennen.

Und heute, Jahrzehnte später, weiser und gereift, war ich noch immer nicht ganz frei von diesen Gefühlen? Ich schäme mich fast, das preiszugeben, aber: Passend gefunden hätte ich es schon, wenn Tom eine angemessene Zeit allein geblieben wäre, so fünfzehn bis zwanzig Jahre hätten sich besser angefühlt. Eine späte Liebe im Seniorenheim hätte ich ihm sicher von Herzen gegönnt. Aber jetzt schon?

Wieso haben eigentlich so viele Männer so schnell nach der Trennung wieder eine Freundin? Ich habe beide Male fast ein Jahr auf dem Sofa gebraucht, um meine Gedanken zu sortieren, bevor ich wirklich bereit war, an einen neuen Mann auch nur zu denken. Und bei Tom war beziehungstechnisch schon wieder alles in trockenen Tüchern? Klar hatte ich von der Männer-sind-Warmbett-Wechsler-Theorie gehört, also von Männern, die weder Lust hatten, selbst zu kochen, noch, allein zu schlafen. Aber so pauschal sah ich das nicht.

Ich konnte und kann mir nicht vorstellen, dass Männer sich einfach die nächstbeste Frau greifen, nur um ein geregeltes Liebesleben zu haben und umsorgt zu werden. Tom gehörte schon gar nicht zu dieser Sorte. Tatsache ist aber wohl, dass Männer anders mit einer Trennung umgehen als Frauen. Weniger emotional, weniger dramatisch, weniger wort- und tränenreich. Vielleicht, weil Männer sich im Leben weniger Schwäche erlauben und überhaupt lösungsorientierter und pragmatischer handeln? Nach dem Motto: Wenn die Trennung sowieso nicht mehr zu ändern ist, akzeptiere ich sie, schließe das Kapitel ab und blicke nach vorn.

Ich wünschte mir, manchmal auch so denken und handeln zu können wie ein Mann. Stattdessen öffnete sich an dem Tag, als ich von Camilla erfuhr, völlig ungefragt ein Romantikalbum in meinem Kopf. Bilder ploppten auf, die lange Zeit vergessen schienen. Die Party, auf der Tom und ich uns kennengelernt hatten und auf der er mir den unwitzigsten Witz meines Lebens erzählt hatte. Oder die ersten Dates im Winter. Die Reisen, die Kinder. Dies alles spuckte das gleiche Gedächtnis aus, das mich regelmäßig im Stich ließ, wenn ich mich im Supermarkt an die Einkaufsliste erinnern wollte, die Namen der Kinder durcheinanderbrachte, den Autoschlüssel oder meine Brille suchte. Plötzlich gab es nur noch die wunderbaren Erinnerungen an unsere Ehe preis. Es kostete viel Kraft, die weniger schönen Bilder aufzurufen, die Streitereien, die traurigen Momente.

Flaschendrehen für Erwachsene: Nun hatte der Flaschenhals also auf Camilla gezeigt. Nun würde sie Toms legendäres Krebs-Risotto genießen, würde Aufmerksamkeit und Liebe bekommen.

Toms Worte verfolgten mich bis in den Schlaf. Ich träumte von ihm und seiner Neuen, wie sie auf Motorrädern die Elbchaussee entlangbrausten, mit je einem meiner Söhne hinter sich. Sie fuhren freihändig und hielten einander lachend an den Händen.

Bei unserer traditionellen Sonntags-Salamipizza erzählten die Kinder dann vom realen Wochenende: vom Schlittschuhlaufen, vom Hockey und von den Filmen, die sie mit Papi geguckt hatten. Ich hörte nur mit halbem Ohr zu. Weil ich ungeduldig darauf wartete, dass sie von Papis Freundin berichteten. Aber es kam nichts!

»Und?«, fragte ich schließlich so beiläufig wie möglich, als ich es nicht mehr aushalten konnte. »Habt ihr Papis Freundin kennengelernt?«

»Ach so, ja, stimmt«, sagte Johann. »Die war auch mit Schlittschuh laufen.«

Damit war das Thema erledigt. Kinder sind viel unkomplizierter als Erwachsene.

»Kennst du Papis Freundin auch?«, fragte Juri, als ich ihm Gute Nacht sagte.

»Nein«, antwortete ich. »Aber bestimmt ist sie supernett. Sonst hätte Papi sie ja nicht ausgesucht, oder?«

Meine negativen Gedanken beschäftigten mich dennoch weiter. Vielleicht brauchte ich einfach noch ein wenig Abstand zum Liebesleben meines Expartners, ein wenig Zeit, um die letzten Überbleibsel der Paargefühle abzuschütteln. Zeit, um nicht nur unsere vergangene Ehe in eine Freundschaft zu verwandeln, sondern auch, um neue Lebenspartner in unsere Familie zu integrieren. Aber das funktionierte nur mit gegenseitiger »Erlaubnis«. Um eine glückliche Patchwork-Familie zu werden, mussten wir alle uns gestatten, ohne einander glücklich zu sein. So wie ich mir einen neuen Mann an meiner Seite wünschte, wünschte sich auch mein Exmann eine Partnerin, die besser zu ihm passte und ihn glücklich machen würde. Und ja, auch wenn es in der ersten Sekunde wehtat, hoffte ich sehr, dass es ernst war mit der Neuen. Auch, damit das Leben sich wieder stabiler und sicherer anfühlte für meine Jungs. Und was ihn und mich betraf: Wir hatten und haben diese großartigen Kinder zusammen. Das ist mein bleibendes Glück, das ich aus der Ehe mitgenommen habe und auf das wir immer gemeinsam schauen werden.

Nichtsdestotrotz wollte ich unbedingt erfahren, ob meine ersten, echten, unreflektierten und ungefilterten Gefühle »normal« waren oder ob ich so was wie »emotional aus der Art geschlagen« war. Ich suchte das Gespräch mit einem Fachmann. Zum Glück musste ich nicht lange suchen: Konrad, ein Freund von mir, ist Psychologe. Ich schätze ihn sehr und liebe die Gespräche mit ihm. Oft treffen wir uns beim Italiener und philosophieren bei Pasta und Wein über Gott und die Welt, die Liebe und das Leben.

»Das ist alles völlig normal und absolut noch im grünen Bereich«, beruhigte er mich. »Diese unsortierten und überschwappenden Partnergefühle, von denen du sprichst, sind sehr körpernah. Die Vorstellung, dass dein Expartner mit einer anderen Frau zusammen ist, löst ganz automatisch eine körperliche Reaktion aus: Du fühlst dich bedroht! Und das, obwohl dein Kopf dir sagt, dass es natürlich völlig in Ordnung ist. Der Körper ist manchmal nicht so schnell wie der Kopf. Er braucht eine Weile, um sich an die neue Situation zu gewöhnen. Gib dir einfach etwas Zeit!«

Mich erinnerte Konrads Erklärung daran, was Natalie mir über ihre Flugphobie erzählt hatte. Obwohl sie wusste, dass es Millionen Dinge gab, die gefährlicher waren, als in ein Flugzeug zu steigen, hatte sie ihren Körper und das mulmige Gefühl beim Boarding jahrelang nicht unter Kontrolle. »Früher hatte ich solche Angst vor meiner Angst, dass ich Flüge gemieden habe und mit Bahn und Auto in die Ferien gefahren bin«, vertraute sie mir an. »Heute lasse ich mich davon nicht mehr aus dem Konzept bringen. Und was soll ich sagen? Seitdem ich nicht mehr hadere und mein Bauchgrummeln akzeptiere, wird es immer weniger.«

Konrads Worte halfen mir sehr. Allein die Erklärung, dass meine Gefühle normal waren und ich nicht allein damit auf der Welt war, empfand ich als tröstend. Ich nahm mir fest vor, etwas geduldiger und nachsichtiger mit mir zu sein.

Wie lange solche überschwappenden Gefühle dauern können? Wenn man nicht lernt loszulassen, schlimmstenfalls ein Leben lang. Das hatte ich beim Einzug meiner Mutter in die Seniorenresidenz erfahren. Als wir uns mit der ganzen Familie zum Willkommensessen im Restaurant einfanden, saß ausgerechnet am Nebentisch die Nachfolgerin meiner Mutter, die langjährige Freundin meines Vaters. Sicher gibt es mehrere Hundert Senioreneinrichtungen in Hamburg – shit happens. Obwohl es mittlerweile fast fünfzig Jahre her ist, war diese Frau noch immer ein rotes Tuch für meine Mutter. Sie ignorierte sie stolz erhobenen Hauptes und sagte nur: »Sie kann weder Bridge noch Skat spielen – absolut keine Konkurrenz hier im Haus.«

14

»Love me Tinder ...« –
Mein Leben als Trüffelschwein
für Traummänner

Onlinedating fühlt sich fast an wie Fremdgehen:
Viele tun's, keiner spricht drüber. Meine ersten
Erfahrungen sind leicht verstörend: Horst hat noch die
abgeschnittene Hand seiner Freundin auf der Schulter,
Benno präsentiert sich mit Tauchermaske, und »Wilder
Hengst« will ich lieber erst gar nicht kennenlernen.
Ja, haben die denn alle eine Macke?

»Warum suchst du dir eigentlich nicht auch einen neuen Mann, Mami?!« Die Kinder stürmten vom Skateboardfahren mit Papi zurück ins Haus. Und statt die Schnürbänder zu öffnen, schüttelte Johann einfach seine Füße und feuerte die verdreckten Sneakers gegen die Heizung im Flur.

Mit dieser Frage wurde ich ständig von den verschiedensten Seiten bombardiert. Allerdings hatte ich sie nicht von meinem Jüngsten erwartet. »Damit nicht noch jemand seine Schuhe einfach in den Weg wirft«, konterte ich, um Zeit zu gewinnen.

Die Wahrheit sah ganz anders aus. Achtzehn Monate allein auf dem Sofa nach der zweiten Scheidung waren mehr als genug, sagten Herz und Bauch. Der Verstand funkte dagegen: Vielleicht ist jetzt ja mal was Wichtigeres dran im Leben, als sich in eine neue Liebe zu stürzen. Und was sollen die Jungs denken?

Aber die schienen ja überraschenderweise mehr als aufgeschlossen. Vielleicht, weil sie in den vergangenen Monaten festgestellt hatten, dass die Auflösung einer Ehe nicht gleich die Auflösung der Familie bedeutete. Sie telefonierten täglich mit ihrem Vater und bemerkten, wie einig wir uns in allen wichtigen Fragen waren. Längst war die Zeit vorbei, in der sie gehofft hatten, dass Papa und Mama vielleicht doch wieder zusammenkommen würden. Sie sahen, dass ihr Papi eine neue Freundin hatte, Mami damit sehr einverstanden war und sich dadurch auch nichts an der Liebe zu ihnen geändert hatte. Und nun wünschten sie sich wohl dasselbe für mich. Vielleicht, dachte ich, wären sie sogar glücklich, wenn ich meine ungebremste Liebe über einem weiteren Mann ausschütten würde. Wäre es denn im echten Leben wirklich so schlimm, wenn plötzlich Mamis Freund mit am Frühstückstisch säße?

»Ich will es mal so sagen«, meinte meine Freundin Bella, die an einer Stadtteilschule unterrichtete. »Letzte Woche kam ein Junge nach dem Unterricht zu mir, war ganz durcheinander und erzählte mir, dass er solche Angst um seine Mutter hätte, weil der neue Freund sie am Wochenende bei einem Streit in der Küche mit dem Messer bedroht hätte. *Das* kann man seinen Kindern wirklich nicht zumuten! Aber ein Freund, der nett mit den Kindern ist und die Mutter glücklich macht ... Adrienne, wo ist das Problem?«

Blieb die Frage: Wie sollte ich diesmal einen neuen Mann kennenlernen?

Ich schaute kurz bei Parship, ElitePartner und Love-Scout 24 rein, konnte mich aber nicht recht dazu entschließen, mich anzumelden. Dann fiel mir meine Kollegin Sarah ein. Kurz bevor wir neulich unser Telefongespräch über verschiedene Reiseprojekte beendet hatten, sprudelte es aus ihr heraus: »Und weißt du, was passiert ist? Ich bin megaverliebt!« Das war eine tolle Neuigkeit, denn Sarah war seit Ewigkeiten allein. »Diesmal habe ich es über Tinder versucht, und was soll ich sagen – echt der Knaller, der Mann! Los! Trau dich doch auch!«

Ich glaube, Sarah war die Erste, die mir derart begeistert von der Dating-App erzählte. Davor hatte ich immer nur vernichtende Kommentare darüber gehört. Zuletzt an meinem Frauenabend:

»Tinder?«, kreischte Babette. »Da sind doch nur die, die schnellen Sex suchen, das ist ein Portal für Beziehungsgestörte, Fremdgeher und Fetischisten, die dich in Handschellen legen wollen.«

»Glaubst du wirklich, dass du dort die große Liebe findest?«, warf Monika ein. »Einen Mann fürs Leben, einen, der zu dir passt?«

Das mit dem Passen war ja so eine Sache. Welche Erwartungen, Wünsche und Ansprüche hatte ich heute an einen Mann in meinem Leben? Einen Vater für meine Kinder hatte ich schon, ein eigenes Auskommen auch … Die Frage »Was möchte ich von und mit einem Partner?« klingt so banal, aber je länger ich darüber nachdachte, desto schwieriger schien mir die Antwort. Einen Mann, der meine Kinder mag? Klar. Aber das war ja wohl längst nicht alles.

»Und überhaupt«, fuhr Babette fort: »Dieses Blättern wie

im Möbelkatalog, dieses Aussortieren von Männern oder Frauen durch Wegwischen – einfach menschenunwürdig.«

»Jetzt mal ehrlich«, unterbrach ich Babette. »Das läuft doch im Alltag auch nicht anders. Mach mal ein Experiment und zähl die Typen, die dir beim Samstagbummel auf der Mönckebergstraße entgegenkommen. Wie viele davon gefallen dir dann so gut, dass du sie gelikt hättest? Ich schwöre, nicht mehr als drei. Also mal ganz ehrlich: Auch im analogen Leben sortieren wir aus durch konsequentes Nichtbeachten, durch mentales Nach-links-Wischen.« Triumphierend beobachtete ich die nachdenklichen Gesichter um mich herum.

»Erinnert ihr euch noch an ›Waschmaschine‹?«, fragte Tina. »Mein Schleudertrauma vom letzten Jahr«, fügte sie kichernd hinzu. »Der war von Tinder.«

Klar taten wir das! »Waschmaschine« – der Heilpraktiker aus Meckpomm, der sich ausschließlich durch Tinder swipte, um sein Repertoire an körperlichen Erfahrungen mit Frauen zu erweitern. Eine unheilvolle Begegnung, die man lieber vergessen würde. Es hatte ein paar Monate gedauert, bis Tina über diese Begegnung lachen konnte. Aber durch die kreative Wahl des »Ortes der Vereinigung«, nämlich auf der Waschmaschine bei laufendem Schleudergang, hatte dieser unsägliche Kurzprogramm-Lover sich damals unvergesslich gemacht.

»Selbst wenn da normale Menschen unterwegs sind. Ich brauche Mimik, Körpersprache und eine Stimme bei der ersten Begegnung«, sagte Simone.

»Mir fehlt die Romantik des magischen ersten Moments«, warf Isabelle in die Runde und offenbarte uns ihr neuestes Erlebnis. Zwei Wochen lang traf sie auf dem Weg zur Arbeit fast jeden Tag denselben Mann. Lange Blickkontakte, kein Wort miteinander, sie stieg immer eine Station nach ihm aus. Am Montag der dritten Woche überreichte er ihr, kurz bevor er die Bahn verließ, ebenfalls wortlos, seine Visitenkarte. Auf der Rückseite standen nur drei Worte: Ich will dich!

Klar ist so was romantischer. Aber sollte ich deshalb U-Bahn-Fahren zu meinem Hobby machen? Tagelang in Männer-Mission durch die Stadt streunern? Vormittage am Cafétisch verbringen wie bei dem Kinderspiel »Mein rechter, rechter Platz ist frei … ich wünsche mir den Traummann herbei«?

Nee. Für mich klang Tinder statt Tatort weiterhin wie eine gute Option. Bequem auf dem Sofa unter meiner Lieblingswolldecke nach Männern Ausschau halten – verlockend gemütlich, ob es mit der Liebe nun klappte oder nicht. Weniger als null Partner konnten dabei ja nicht herauskommen.

Sarahs Euphorie gab mir den letzten Anstoß. Ich lud die App auf mein Smartphone und meldete mich innerhalb von drei Minuten an: Registrieren, Such-Radius festlegen, gewünschte Altersspanne wählen, Foto einstellen, ein paar knackige Worte zur Beschreibung eintippen, und schon war ich einer von knapp vier Millionen Abonnenten. Sobald ich angemeldet war, ploppten Fotos von Männern im Umkreis auf. Für alle, die Tinder noch nicht kennen: Mein Job war Bild angucken, persönliche Kurzinfo lesen und den vorgeschlagenen Mann mit einem sogenannten Swipe nach rechts wischen, sofern ich Kontakt knüpfen mochte. Jeden, der einem nicht gefällt, wischt man dagegen nach links ins Off. Dann hofft man, von den Erwählten auch nach rechts gewischt zu werden, denn nur so kommt es zu einem Match.

Gleich auf dem ersten Foto waren statt dem Porträt eines smarten Mannes Handschellen zu sehen, die den Schriftzug »Let's play« umrahmten. Hier waren sie also: Babettes Fetischisten. Das nächste Bild zeigte eine Brücke bei Sonnenuntergang. Die Erklärung in der Info von »Undercover«: »Verheiratet mit Tagesfreizeit, dafür groß und mit starkem Attribut ausgezeichnet; gepflegt, gebildet, verdorben, sucht […]«

Wolfgang präsentierte sich mit Tauchermaske, Horst hatte noch die abgeschnittene Hand seiner Freundin auf der Schulter liegen, von Benno sah man wegen des Blitzes im Badezimmerspiegel beim ungeschickten Selfie nur die Hälfte. Und auch die Kandidaten, die sich selbst sprechende Nicknames wie »LongJohn« oder »WilderHengst« gegeben hatten, landeten nicht in meinem Tinder-Töpfchen. Ich war frustriert und fühlte mich wie eine Kuh, der man gerade erklärt hat, dass ihr Date mit dem schmucken Bullen nicht auf der Blumenwiese, sondern auf dem Hochtemperatur-Grill stattfinden wird. Romantisch war das hier gerade wirklich nicht. Aber so leicht ließ ich mich nicht entmutigen, ich dachte an Sarah, wischte weiter und entdeckte Georg: »Lebensbejahender Genussmensch, klar im Kopf, ehrgeizig, erfolgreich, sportlich, großzügig.«

Eine Woche später stand Georg mir gegenüber. »Eine Rose für meine Rose«, hauchte mein Tinder-Blind-Date Nummer eins und blinzelte mir zu. Augenblicklich nahm mein Gesicht die Farbe der dunkelroten Rose an, die er mir vor den Augen der gerührten Empfangsdame des Sterne-restaurants überreichte. »Darf ich Ihrer Frau die Garderobe abnehmen und Sie jetzt zu Ihrem Tisch bringen, Herr Georg?«, wandte sie sich ihm zu.

Ich folgte meinem *Ehemann* zu einem abgelegenen Zweiertisch mit Hafenpanoramablick. Kaum hatten wir uns niedergelassen, hatte ich auch schon ein Glas eiskalten Champagner in der Hand. Das versöhnte mich etwas mit der Pilcher-mäßig inszenierten Begrüßung.

Wieder blinzelte Georg, dann sagte er: »Auf unser erstes Rendezvous – auf einen wundervollen Abend und eine schöne Frau. Danke, dass du gekommen bist!« Galant prostete er mir zu.

Puh! Das hatte ich mir etwas lockerer vorgestellt. Ich trank das halbe Glas in einem Zug leer und fragte meinen Tinder-Charmeur, warum er hier im Restaurant seinen Vornamen als Nachnamen verwendete.

»Weil mein Name in gewissen Kreisen nicht unbekannt ist und ich heute und hier ganz privat mit dir sein möchte«, erklärte er mir. »Dir – blinzel, blinzel – würde ich natürlich auch meinen Nachnamen verraten, und ich möchte noch einmal anstoßen auf unseren privaten Abend.«

Georg blinzelte schneller, als ich trinken konnte, und starrte mich an, als wäre ich das Amuse-Gueule. Dazu war der kulinarische Gruß aus der Küche der Startschuss für endlose Erzählungen aus seinem so unglaublich erfolgreichen Berufsleben, von seinen Kunden aus New York, London und Paris, von seinem Vagabundenleben in den Metropolen der Welt. Nebenbei studierte er intensiv die

Wein- und Speisekarte. »Ich liebe und lebe meine Lust am Genuss.« Diesmal blinzelte sein linkes Auge, wie ich irritiert feststellte.

Mit einem lasziven Lächeln gestattete ich ihm, mir ein Menü nach seinem Geschmack zusammenzustellen.

Wie in *9 ½ Wochen,* dachte ich. Da hatte Mickey Rourke Kim Basinger die Augen verbunden und anschließend gefüttert. Eine Augenbinde hätte ich mir auch gewünscht. Nicht wegen des erotischen Prickelns, sondern weil mich das ständige Zwinkern langsam zu nerven begann.

»Jede Woche eine andere Stadt« … blinzel, blinzel. »Jede Woche ein anderes Hotelzimmer« … blinzel, blinzel. »Ein Heimatloser, überall dort zu Hause, wo man genussvoll leben kann.«

Es war wie verhext. Je mehr ich mich darauf konzentrierte, das Blinzeln nicht zu beachten, desto weniger gelang es mir. Das Einzige, was ihm noch fehlen würde zu seinem Glück, blinzel, blinzel, sei eine Frau, die Luxus und Laster, blinzel, blinzel, mit ihm teilen würde. Aber das würde sich ja nun ändern.

Ich genoss die Auswahl kulinarischer Höhepunkte und überlegte, ob die Aussicht auf ein bequemes Schlemmerleben ein gewisses Defizit an körperlicher Anziehungskraft kompensieren könnte.

Nach dem Essen rief Blinzel-Georg ein Taxi. Beim Einsteigen hielt er schützend seine Hand auf mein Haupt. Eine Geste, die ich bisher nur aus Krimis kannte, wenn der Polizist den Täter auf die Rückbank des Streifenwagens drückt. Umsichtig begleitete er mich bis an die Haustür. Wahrscheinlich hätte er mich am liebsten noch in einen warmen

Pyjama gesteckt, um die Gesundheit seiner Neuentdeckung für die gemeinsame Zukunft nicht zu gefährden. Zum Abschied drückte er mir einen galanten Kuss auf die eine und einen Briefumschlag in die andere Hand. »Für den Babysitter.« Blinzel, blinzel.

Ganz davon abgesehen, dass die Jungs bei ihrem Vater waren, waren sie aus dem Babysitter-Alter längst rausgewachsen. Und genau das hatte ich eigentlich auch beim Essen erzählt. In dem Umschlag befanden sich 200 Euro und ein Gruß: »Ich freue mich auf ein Wiedersehen. Dein Georg.«

Wie viele Blinzel-Treffen würde ich brauchen, um meine angemahnte Kfz-Versicherung zahlen zu können? Wollte ich mich in den schönsten Restaurants der Stadt reich essen? Nein!

Ich kann nicht sagen, dass es besser wurde nach Herrn Georg. Mein nächstes Date hieß Ben. Der war so verzweifelt einsam, dass er mir gleich beim ersten Date einen Heiratsantrag machte. Es folgte Baumschul-Hugo. Selbst groß und kräftig wie ein Mammutbaum und mit den liebevollsten Ideen für die nächsten Dates, zu denen es aber nie kam, weil immer eine Pflanze in Not war. Pilot Paul endlich, so schien es mir, war erwachsen und ohne Spinnereien. Wir verbrachten ein paar schöne Abende miteinander, redeten über das Leben und die Liebe und kamen uns näher. Paul stürzte sich mental schon in Startvorbereitungen für eine gemeinsame Zukunft und baute wunderschönste Liebes-Luftschlösser. Dann allerdings katapultierte er sich ohne weitere Erklärung von einem Tag auf den anderen per Schleudersitz aus meinem Leben.

Hallo! Die Fee mit den vielen positiven Gedanken bitte melden!

Love me Tinder, love me sweet,
never let me go.
You have made my life complete,
and I love you so ...

Manchmal passt einfach das Timing im Leben. Nachdem ich mich wochenlang erfolglos durch Tinder gewischt hatte, war von einem Frauenmagazin die Anfrage ins Haus geflattert, ob ich Lust hätte, nach Irland zu reisen und eine Reportage über den jährlich dort stattfindenden Heiratsmarkt zu schreiben – die größte Single-Party Europas. Und wie ich Lust hatte!

15

Das Matchmaking-Festival in Irland: die größte Flirtparty Europas

Von Internet oder Dating Apps will Heiratsvermittler Willie Daly nix wissen. Im irischen Örtchen Lisdoonvarna sucht der Matchmaker persönlich nach passenden Partnern. Und einmal im Jahr wird dann beim größten Single-Event Europas geflirtet, bis der Arzt kommt. Das konnte ich mir unmöglich entgehen lassen ...

Samstagabend, Lisdoonvarna, Irland. Die Luft bei der Traffic-Light-Party im Hydro-Hotel brannte. »Oh, What a Night«, dröhnte es aus den Lautsprechern. Auf jeder Pobacke der Blondine neben mir klebte ein gelber Button, auf dem »Undecided« stand. In Netzstrümpfen, Lederrock und Glitzershirt schwebte sie lasziv über die Tanzfläche und schnappte sich schließlich einen traurig aus der Wäsche guckenden Senioren, der sein Glück nicht fassen konnte und sich – in Karohemd und Arbeitsschuhen – schwerfällig und gegen den Takt mit ihr vergnügte.

Ich hatte mir einen grünen »Single«-Button ins Dekolleté geklebt und ließ mich am Arm eines irischen Farmers mit einem roten »Taken«-Button auf dem gewaltigen Bizeps durch den Raum wirbeln. Wieder so ein Ort, wo das

Schicksal mich mir nichts, dir nichts hin verfrachtet hatte …

Vier Wochen nachdem ich den Auftrag erhalten hatte, nach Lisdoonvarna zu fahren, kurvte ich im Leihwagen von Dublin aus durch das irische County Clare. Eine Landschaft wie aus einem Pilcher-Film: kleine Häfen, wilde Steilküsten, Mauern aus gestapelten Steinen, Schafe, noch mehr Schafe, Burgruinen und Schlösser … Kurz zusammengefasst: viel Landschaft, wenig Einwohner. Die einzigen Gäste, die üblicherweise hierherkommen, sind vermutlich ein paar menschenscheue Wanderer. Mitten in diesem Nirgendwo lag das Siebenhundert-Seelen-Örtchen Lisdoonvarna. Ich sah eine Tankstelle, eine Kirche, eine Schule und eine Polizeistation, drum herum ein paar Pubs und Läden – das war's. Würde man sich hier bei Tinder einloggen, hätte man die verfügbaren Junggesellen in drei Minuten durchgewischt. Aber auf die Idee käme sowieso niemand, denn einmal im Jahr kann man sich hier vier Wochen lang kaum retten vor lauter Kontaktanfragen. Und zwar immer im September, wenn Matchmaking-Festival ist. Schon als ich vor meinem Hotel einparkte, sprangen zwei Männer mit Bierflaschen in der Hand auf die Straße und winkten mich eifrig in die Parklücke.

»See you later«, verabschiedeten sie sich, als ich mich bedankte, und warfen mir lachend einen Luftkuss hinterher.

Wenig später machte ich mich auf zum Zentrum des Geschehens. Bunte Girlanden, Fähnchen und Lichterketten schmückten die einzige Hauptstraße, kreuz und quer parkten Autos und Wohnmobile, die auf dem überfüllten Parkplatz keinen Platz mehr gefunden hatten. Dazwischen: ein riesiger Versorgungstruck, der Burger, Pizza und Hotdogs für die Hungrigen der Nacht anbot. Eine Gruppe junger Frauen stand vor dem Wohnwagen einer Wahrsagerin. Sie verhandelten lachend, wer sich zuerst traute, sich von Madame Helma aus der Hand lesen zu lassen. Daneben spielten Straßenmusikanten, und am Ortsausgang stand ein Krankenwagen, für alle Fälle.

Wie wird ein Dörfchen im Nirgendwo zum internationalen Single-Treff?, fragte ich mich. Und fand heraus: In Lisdoonvarna hatte alles vor mehr als einhundertfünfzig Jahren mit der Entdeckung der heilenden Quellen begonnen, um die herum sich das Dorf entwickelte, das kurz darauf das erste Kurbad des Landes war. Hierher reisten die Farmer mit Kind und Kegel, wenn sie im September ihre Ernte eingefahren hatten, suchten bei Bedarf die heilenden Quellen auf und kauften oder verkauften Schafe, Hühner und Kühe auf dem Viehmarkt. Die Junggesellen unter ihnen sahen sich dabei auch gleich mal nach einem hübschen Mädchen um. Denn in der Einöde war die Wahrscheinlichkeit, eine Frau zu finden, noch geringer, als eine regenfreie Woche zu erwischen.

Aber auch das Frauenangebot beim Viehmarktbesuch war irgendwann abgegrast. Erschwerend kam hinzu, dass zu Zeiten unserer Vorväter nur die Erstgeborenen der Farmer begehrt waren, denn sie erbten den Hof. Und so kam schließlich der Matchmaker ins Spiel. Er, meist ein Viehhändler, reiste im Lande umher, besuchte Junggesellen und Eltern heiratswilliger Mädchen oder Jungen, sammelte Wünsche, notierte Verfügbarkeiten und brachte dann die passenden Paare zusammen. Sozusagen ein analoges Ein-Mann-Parship-Unternehmen in einer Zeit, als es noch nicht mal ein Telefon gab.

Ich hatte sogar schon den Weihnachtsmann in Finnland befragt, aber heute war ich besonders aufgeregt. Denn ich hatte mich für ein Interview mit dem sechsundsiebzigjährigen Matchmaker Willie Daly verabredet. Ich wollte wissen, wie der Alltag des Heiratsvermittlers aussah und wie das überhaupt so lief mit dem Liebesglück in Lisdoonvarna. Würde der Kuppel-König aus dem Nähkästchen plaudern? Und mal abgesehen von meiner Reportage – vielleicht hatte er ja auch ein paar geheime irische Liebesweisheiten für mich in petto?

Willies Büro befand sich in der »Matchmaker Bar«. Die Außenwand zierte ein großes Plakat mit der Aufschrift:

SOME MATCHES ARE MADE IN HEAVEN …
… BUT THE BEST ONES ARE MADE IN
LISDOONVARNA.

Zwischen dem »HEAVEN …« und dem »… BUT« waren zwei sich liebkosende Engel abgebildet und ein Bild vom Matchmaker himself: mit weißgrauem Haar, Rauschebart und einem geheimnisvollen Buch in der Hand.

»Komm am Nachmittag, da ist nicht so viel los wie am Abend«, hatte er am Telefon gesagt. Dennoch drängelten sich die Besucher in und vor seinem Zimmer. Warteten auf ein Gespräch oder beobachteten das Angebot an kontaktfreudigen Singles. Vielleicht nach dem Motto: Die Jagd an der Quelle erhöht die Quote?

Willie selbst nahm das Spektakel entspannt hin, saß, gerahmt von zwei hübschen jungen Amerikanerinnen, auf einer Bank und schien die Aufmerksamkeit der weiblichen Gesellschaft in vollen Zügen zu genießen. Während die beiden aufgeregt Anekdoten von ihren »boyfriends« erzählten, lächelte er wissend.

Ich setzte mich dazu und wartete geduldig – drei Minuten, vielleicht sogar länger. Dann versuchte ich es zaghaft: »You remember …? My name is Adrienne …« Aber entweder wollte er sich nicht erinnern, oder ihm war einfach die Lust auf ein Interview vergangen. Jedenfalls konzentrierte er sich voll und ganz auf das Gespräch mit den Amerikanerinnen. Dafür durfte ich zumindest einen Blick in das Matchmaker-Buch werfen, ein Sammelsurium an Briefen und Notizen: Liebeswünsche, Partnerangebote und Gesuche. Vermutlich verwaltete Willie das größte Single-Archiv weltweit. Ich glaube, nur an Santa Claus wurden noch mehr Wünsche adressiert als an den Matchmaker.

Ich versuchte noch einmal, seine Aufmerksamkeit von den attraktiven Frauen auf mich zu lenken: »Was ist das Geheimnis der Liebe? Woran erkennen Sie, ob ein Paar zusammenpasst? Wie viele Singles haben Sie schon zusammengebracht?«

Jetzt war er bereit, lächelte mich freundlich an und begann zu erzählen: »Well, I can tell you …« Er sprach, ohne dabei die Zähne auseinanderzunehmen. So ähnlich nuschelnd hatte es sich angehört, als meine Jungs den ersten Tag ihre Zahnspange trugen. Dazu hatte er einen so starken Akzent, dass ich ihn nur mit Unterstützung der Amerikanerinnen neben ihm verstand, die für mich ins Englische übersetzten. Eigentlich war Willie Pferdehändler und hatte sich lieber um die Vierbeiner als um die Menschen kümmern wollen. Doch dann verkauften immer mehr seiner Junggesellen-Freunde ihre Farmen, weil sie keine Frau fanden, und zogen fort. So entschloss sich Daly, ihnen bei der Frauensuche zu helfen – wie schon sein Vater und Großvater – und einsame Herzen zusammenzuführen.

»Die Werkzeuge des Matchmaking sind Intuition, subtile, sanfte Stupser, ein wenig Ermutigung, die richtige Atmosphäre und ein reiches Wissen über die menschliche Natur.« Viel mehr war Willie nicht bereit, an Geheimnissen preiszugeben. Zum Glück waren die Gäste, die ihn umringten, mitteilungsfreudiger und erzählten mir gern, was sie nach Lisdoonvarna getrieben hatte.

»Ich bin nicht allein, aber unglücklich verheiratet«, erklärte mir die fünfzigjährige Geraldine aus Fermanagh mit einem Augenzwinkern. »Da kann man ja mal tanzen gehen und sich etwas umschauen, oder?«

»Ich studiere Landwirtschaft und suche ein attraktives Mädchen, das gern tanzt«, erzählte der zwanzigjährige Sean aus Galway.

Auch Tanja aus Montana verriet, warum sie um die halbe Welt geflogen war. Es schien, als hätte sie den Mythos Märchenprinz entlarvt: »Ich brauche kein Candle-Light-Dinner, sondern einen Mann fürs echte Leben. Irische Männer sind freundlich, offen und flirty …«

Um ihren Traummann zu finden, füllte Tanja einen der Kontaktbögen aus, die Willie großzügig verteilte. Ein kleiner persönlicher Steckbrief, dazu Wünsche an den zukünftigen Traummann. Zehn Euro berechnete der Matchmaker für die Aufnahme in seine Kartei. Siebzig bis zweihundert Formulare werden während des Festivals pro Tag ausgefüllt, fand ich noch heraus. Kein schlechtes Honorar. Und dazu leicht verdient.

Wesentlich leichter jedenfalls als für mich damals. Ja! Ich hatte auch mal »professionell« für eine Partnervermittlung gearbeitet.

Damals, mit Mitte zwanzig, war ich etwas orientierungslos durchs Berufsleben getingelt und eines Tages über ein Stellenangebot gestolpert: Das Heiratsinstitut Liebesglück suchte eine Mitarbeiterin in der Partnervermittlung für flexible Einsätze im Außendienst. Die Agentur schaltete Anzeigen, in denen sie Traumpartner anbot:

»Melanie, 32, lange blonde Haare, große blaue Augen, Traumfigur, sucht ihn für eine Zukunft voller Liebe und mit allem, was zu zweit mehr Spaß macht.« Oder: »Konrad, blendend aussehender Pilot, schlank, sportlich, mit eigenem Flugzeug und Jacht auf Mallorca, sucht liebevolle Sie, die mit ihm aus der Einsamkeit davonfliegt.« Darauf meldeten sich natürlich zig Interessenten. Aber Melanie und Konrad existierten überhaupt nicht! Sie waren virtuelle Lockvögel, und meine Aufgabe bestand nun darin, den einsamen Menschen dies schonend beizubringen und sie gleichzeitig zu überzeugen, dass sie natürlich mithilfe der Agentur ähnliche Partner finden würden, sobald sie den Vertrag unterschrieben und die Vermittlungsgebühr bezahlt hätten. Und diese belief sich keineswegs wie bei Willie auf zehn Euro, sondern umfasste ein paar Tausend Mark. Morgens bekam ich von der Agentur die Adressen der Interessenten und fuhr dann durchs Land. Ein Gehalt gab es nicht – nur Provision. Einmal saß ich bei dem siebenundvierzigjährigen Bauer Hinrichs auf dem Sofa. Er war optimistisch und bereit, den Persönlichkeitstest mit mir zu erarbeiten, beharrte aber darauf, mir vorher seine Kühe zu zeigen.

Im Nieselregen stöckelte ich in Pumps über eine matschige Wiese bis zum Deich, um erst einmal die einmalige Aussicht und danach die sechzig Schwarzbunten im Stall zu bewundern. Endlich saßen wir in der guten Stube auf einem altdeutschen Sofa, und ich begann damit, dem schüchternen Mann meine pikanten Fragen zu stellen: »Schlafen Sie gern bei offenem Fenster? Legen Sie viel Wert auf Ihre äußere Erscheinung? Spielt körperliche Liebe eine große, mittlere oder unbedeutende Rolle in Ihrem Leben? Leiden Sie unter sexuellen Funktionsstörungen? Könnten Sie sich vorstellen, eine offene Beziehung zu führen?«

Etwas verwirrt und mit rotem Kopf antwortete Hinrichs auf meine Fragen, während seine Mutter Hilde entsetzt die grau-lila Föhnwelle schüttelte. Als ich nach zwei Stunden den Liebesglück-Vertrag auf den Tisch legte, kam sie ihrem Sohn zuvor, grapschte danach und sagte energisch: »Nun ist aber genug mit dem Unfug!«

Mit ruinierten Pumps war ich eine Stunde später zu Hause.

Ich hatte in sechs Wochen fünfundzwanzig Besuche gemacht und nur einen Vertrag abgeschlossen. Ich stimmte Hilde zu: Schluss mit dem Unfug! Nie im Leben würde sich eine der Melanies dieser Welt lasziv auf den Sofas von Hinrichs und Co. rekeln. Hätte ich damals schon von Willie gewusst, hätte ich Bauer Hinrichs zu ihm geschickt.

Jetzt fragte ich mich, ob Willie wohl seine Kontaktformulare jemals wieder ansah?

Aber ehrlich gesagt brauchte an diesem Abend niemand Unterstützung, um in Kontakt zu kommen. Ob in Gummistiefeln oder im Tiger-Top, ob zwanzig, fünfzig oder siebzig Jahre alt – hier wurde gebaggert, was das Zeug hielt.

Ich verließ Willies Separee, um mir zum Start in den Abend an der Bar gegenüber erst einmal etwas zu trinken zu holen. Amüsiert beobachtete ich zwei Zwillingsschwestern, die einen jungen Mann fixiert hatten, der verliebt und fröhlich mit seiner Freundin tanzte. Die beiden legten sich auf die Lauer, ließen den Mann nicht aus den Augen und warteten, bis seine Freundin zur Toilette musste. Dann stürzten sie in Sekundenschnelle auf die Tanzfläche, hakten den verblüfften Mann unter, redeten mit Händen und Hüften auf ihn ein. Es galt das Wettrennen gegen die Zeit: fünf Minuten Toilettenpause, um ihn seiner Partnerin abspenstig zu machen.

Als diese zurückkam, lobten sie ihren Freund in den höchsten Tönen. »You're so lucky! Mit so einem Traumtypen die Nacht verbringen ...« Sie pfiffen anzüglich und zogen lachend weiter.

Ich setzte meinen Weg zur Bar fort – keine einfache Mission in dem Gedrängel. Die Männer tranken Guinness vom Fass, die Frauen Bier aus der Flasche. Wer viel baggert, braucht viel Bier? Oder vielleicht andersrum: Mit Bier baggert es sich leichter?

»Hey, trinkst du ein Bier mit mir?«

»Hast du Lust zu tanzen?«

»Ich bin frei – für dich?«

Drei Schritte – drei Anmachen. Dann sah ich, lässig am Tresen lehnend, die irische Antwort auf Richard Gere: mittleres Alter, graue Schläfen, überaus ansehnlich. Belustigt beobachtete er, wie ich mir den Weg durch die Männermenge bahnte.

»You made it, geschafft!«, lobte er mich. »My name is Patric. Trinkst du einen Gin Tonic mit mir?«

Wie sollte ich einer Einladung von so einem attraktiven Mann widerstehen? Außerdem war ich ja nicht »nur« zum Spaß hier, sondern auf Recherche, und vielleicht konnte auch Patric etwas zu meiner Reportage beisteuern. Er konnte. »Ich bin dreiundfünfzig Jahre alt und suche eine Frau zwischen fünfzig und sechzig, die gesund und fit ist zum Tanzen, für Sport und Spaß und gern für ein gemeinsames Leben«, erzählte er mir. Dann fügte er zwinkernd hinzu: »Am liebsten eine, die so aussieht wie du.«

Hoffentlich konnte er im schummrigen Kneipenlicht nicht sehen, wie ich rot wurde. Er erzählte mir von seinem Frust beim Onlinedating: »Im Internet sieht man nur Bilder und emotionslose Beschreibungen der Charaktereigenschaften, vor allem der, die vom neuen Partner gewünscht werden. Und da sind die Ansprüche der Damen oft absurd. Hier ist das viel besser, und dazu ist es eine tolle Party. Cheers!«

Er nahm mich kurz in den Arm. Puh! Das fühlte sich verdammt gut an. »Wie lange habe ich Zeit, dich von den irischen Männern zu überzeugen? Wie lange bleibst du in Lisdoornvarna?«

Patric war genau mein Typ! Wäre ich diesem Mann in Hamburg begegnet – ich gebe zu, es hätte nicht viel Überzeugungsarbeit gebraucht. Aber mit vier Kindern, Freunden und Familie in Hamburg eine Liaison mit einem Iren eingehen?

Eine halbe Stunde später zog ich schweren Herzens weiter, um noch mehr Matchmaker-Eindrücke zu sammeln. »See you later! Ich muss arbeiten.«

»Hey, schöne Frau, wir haben uns doch schon mal gesehen, wie wär's mit einem Drink zusammen?«

Komplimente, Einladungen, zurückhaltendes Augenzwinkern und heftige Anmachen. Während ich von Pub zu Pub zog, fühlte ich mich wie der wahr gewordene Männertraum. So viel Aufmerksamkeit wie in einer halben Stunde in Lisdoonvarna hatte ich in den letzten zehn Jahren nicht bekommen! Allein für dieses Gefühl lohnte es sich, beim Matchmaking-Festival dabei zu sein.

Es wurde getanzt und getrunken, gefeiert und geflirtet und viel gelacht – in den Hotels, den Bars und auf der Straße. Egal, ob jung oder alt, ob Bauer oder Banker, ob aus den Dörfern in der Umgebung, aus Dublin oder England, Spanien, Deutschland, Amerika und Asien – jeder wurde herzlich aufgenommen. Das war Offline-Dating at its best. Nonstop, rund um die Uhr: Morgens um zehn rollten die ersten Busse mit den Senioren auf den Parkplatz vor dem Hotel an. Dann frühstückten die frühen Vögel neben den übrig gebliebenen Nachteulen – nach der Party ist vor der Party. Anschließend vergnügten sich die älteren Jahrgänge auf der Tanzfläche. Die Frauen ließen sich, herausgeputzt in bunten Kleidern und am Arm ihres Mannes, zur Countrymusik über das Parkett führen, während die Übriggebliebenen ins Bett fielen. Und ja, man kann auch mit Mann nach

Lisdoonvarna kommen, wenn man einfach gemeinsam Spaß haben will in der sonst eher ereignisarmen Provinz. Einige Paare, die sich hier kennengelernt haben, sind natürlich auch dabei.

Zum Beispiel Stacey und Enda, die mir ihre Lisdoonvarna-Romanze erzählten. Vor zehn Jahren hatten sie sich in der berühmten Matchmaker Bar getroffen. Sieben Monate später kündigte Stacey ihren Job, um mit Enda in Kildare zu leben. »Heute sind wir verheiratet und haben zwei Kinder.« Zum zehnjährigen Jubiläum hatten die beiden den Nachwuchs bei den Großeltern geparkt und waren noch einmal nach Lisdoonvarna gekommen.

Zurück zum Höhepunkt der Woche: Bei der Traffic-Light-Party griffen mehr als zweitausend Gäste zu den Buttons, die ihren Beziehungsstatus anzeigten. Der allerdings wechselte teils so schnell, wie Verkehrsampeln von Grün auf Gelb springen. Nach der Show von Buck Taylor traf ich die Blondine im Lederrock an der Bar wieder. Statt ihres »Undecided«-Buttons trug sie nun die sehr entschlossenen Hände eines jungen Farmers auf dem Po. Ich zwinkerte ihr zu. Zeigte auf den Mann und schickte ihr fragende Blicke. Kurz löste sie sich aus seiner Umarmung und flüsterte mir ins Ohr: »Ob's der Richtige ist? Keine Ahnung. Aber heute Abend haben wir Spaß.«

Um Mitternacht hatte ich mir die Füße wundgetanzt. Als ich gerade das Hydro-Hotel verlassen wollte, lief mir noch einmal »Richard Gere« über den Weg.

»Lust auf einen Gin Tonic?«

Sofort spürte ich wieder die Röte in mein Gesicht schießen. Der Mann hatte es mir wirklich angetan. Ich ließ mich nicht zweimal bitten, mit ihm noch einen Abschieds-Absacker zu trinken. Wir redeten, flirteten, lachten.

»Und?«, fragte er grinsend. »Hast du es dir überlegt mit uns? Bleibst du in Irland?«

Leicht machte Patric es mir nicht. Die Idee, mit dem smarten Iren durchzubrennen, erschien mir immer verlockender. Aber wie wahrscheinlich war es, meine Söhne dafür zu begeistern, mit ihrer Mama und einem wildfremden Mann in die Pampa zu ziehen? Wobei die Geschichte absolutes Hollywood-Potenzial gehabt hätte, so à la Pretty Woman Teil 2: Liebe für die Mutti im Irischen Hochland mit vier frustrierten Großstadtjungs in Gummistiefeln im Schlepp.

Nach einer innigen Umarmung verabschiedete ich mich schweren Herzens von Patric. Als Mutter und über fünfzig fehlte mir einfach Staceys Flexibilität.

Fazit: nette Begegnung, falscher Ort.

Wie schade, dass es so ein Festival nicht bei uns gibt, dachte ich auf der Rückfahrt zum Flughafen Dublins. Ich bin sicher, das würde laufen wie Guinness aus dem Fass.

Natürlich finden auch in Deutschland Single-Feste statt, etwa die legendären »Fisch sucht Fahrrad«-Partys in Berlin, Frankfurt, Hamburg und anderen deutschen Städten. Aber Lisdoonvarna war etwas Besonderes: nicht nur eine Mega-Flirt-Party, sondern irgendwie mehr. Ein Fest der Liebe und der Lebensfreude. Und auch die Traffic-Light-Buttons gingen mir nicht aus dem Kopf: Eigentlich wäre es doch superpraktisch, wenn man auch im echten Leben auf der Straße wüsste, wer zu haben ist und wer nicht. Auf jeden Fall würde es ganz sicher die Hemmschwelle abbauen, jemanden an der Tankstelle oder im Café anzusprechen. Jedenfalls hatte ich ein Dutzend der Aufkleber aus dem Hydro-Hotel mitgehen lassen und klebte mir zu Hause gleich einen grünen aufs Autoheck. Aber das Prinzip funktionierte in Hamburg nicht. Schade eigentlich. Andererseits: Wenn in »the middle of nowhere« eine Frau auf die Bremse tritt, weil sie mit einem attraktiven Single in Kontakt kommen möchte – kein Problem. Die halten vor dem nächsten Schafgatter an und tauschen ihre Adressen. Aber man stelle sich das Chaos vor, wenn so ein Richard Gere mit »Single«-Button auf der Heckscheibe im Hamburger Stadtverkehr unterwegs wäre. Hunderte außer Kontrolle geratene Frauen, Auffahrunfälle, Eifersuchtsdramen. Der würde wahrscheinlich den ganzen Verkehr lahmlegen.

16

Pssst – nicht weitersagen!
Botox, Extensions, Lippenspritzen
und andere Geheimnisse rund um
die Schönheit

Volleres Haar, weniger Falten, längere Beine …
Der liebe Gott hat die Schönheit nicht gerecht verteilt.
Es gibt immer schlankere, jünger aussehende,
attraktivere Frauen im Leben. Okay, vergleichen macht
grundsätzlich unglücklich. Aber ein ganz klein wenig
nachhelfen kann doch nicht schaden – oder?

»Mami!«, rief Jonah aufgeregt aus dem Wohnzimmer. »Hier sind so welche Frauen, die sehen erst aus wie du, und dann sind sie plötzlich richtig hübsch.«

Ich hatte meine Kinder vor dem Fernseher geparkt, während ich Abendbrot machte. Ja, ich weiß. Erzieherische Todsünde. Aber wer schafft es denn, 24/7 in sich zu ruhen und pädagogisch wertvolle Beschäftigungen zu bieten? Ich nahm den Topf vom Herd und lief ins Wohnzimmer, um zu sehen, was die Jungs da eigentlich schauten.

»Endlich sehe ich so aus, wie ich es mir immer gewünscht habe«, weinte eine Frau auf der Bühne. Meine Jungs hatten sich in »The Swan – Endlich schön!« reingezappt.

Für alle, die die Beautyshow nicht kennen: Auserwählte

Kandidatinnen begeben sich in ein sogenanntes Schönheitscamp, wo sie mithilfe von Fitnesstrainern, Ernährungsexperten und vor allem Schönheitschirurgen ihr Aussehen optimieren. Der Clou: Im Camp gibt es keine Spiegel. Erst nach drei Monaten in der Abschluss-Show dürfen die Teilnehmerinnen in den Spiegel gucken. Die laufenden Kameras dokumentieren gewohnheitsmäßig die Freudentränen der glücklichen Frauen.

Welche Auswirkungen solche Sendungen auf mich und die Söhne haben, merkte ich gleich am nächsten Morgen: Ich stand in Unterwäsche im Badezimmer und betrachtete mein verschlafenes Gesicht im gnadenlosen Neonlicht. Neben mir malträtierte Jonah mit einer Cars-Zahnbürste seine Milchzähne. Während ihm links und rechts Schaum aus den Mundwinkeln lief, musterte er mich kritisch.

»Warum hast du eigentlich so welche Löcher in deinen Beinen?« Gnadenlos bohrte er seine Speckfinger in die Dellen an meinen Oberschenkeln. »Bekommen Männer eigentlich auch so welche Hubbel? Papis Beine sind nämlich ganz hart. So hart wie mein Lederfußball und nicht so …«

Angestrengt suchte Jonah nach einem passenden Vergleich für die Konsistenz meiner Oberschenkel. »Nicht so Schokopudding-schlackerig«, vollendete er seinen Satz – stolz, endlich ein passendes Wort gefunden zu haben.

Nur Sekunden später überzogen mehrere Reihen Sorgenfalten seine Stirn. »Werde ich, wenn ich groß bin, eigentlich eine Mami oder ein Papi?«, fragte er und versuchte, die Angst vor der möglichen Antwort taktvoll zu verbergen.

Nachdem ich ihm versichern konnte, dass aus ihm ein lederfußballfester Mann werden würde, entspannte er sich sichtlich. »Ich hab dich trotzdem lieb!«, flötete er, schenkte mir schnell noch einen mitleidigen Blick und verließ zufrieden das Badezimmer.

Heute putzt sich Jonah nicht mehr mit Cars-Zahnbürsten die Zähne, sondern fährt längst im eigenen Auto durch die Stadt, aber manche Dinge haben ein langes Verfallsdatum. Zum Beispiel das Thema schlackrige Beine …

Den Oberschenkel-Komplex hatte ich schon als Teenie. Und wurde deshalb einmal zur Meerjungfrau: Eigentlich hatte ich, bei einer Wassertemperatur von höchstens achtzehn Grad, nur kurz ins Wasser springen wollen. Doch dann tauchte Oliver, in den ich unsterblich verliebt war, am Timmendorfer Strand auf. Also schwamm ich die 500 Meter bis zur Seeschlösschenbrücke und wartete dort frierend eine gefühlte Ewigkeit, bis Oliver den Strand wieder verließ. Und alles nur deswegen, weil ich nicht gewollt hatte, dass Oliver meine Oberschenkel sah. Meine Mutter dachte damals, ich wäre ertrunken, weil ich erst eine Stunde später als vereinbart bibbernd und schlotternd zu Hause erschien. Und danach plagte mich vier Wochen lang eine Blasenentzündung.

Welch ein Wahnsinn! Das kommt davon, wenn Mädchen in einer Zeit aufwachsen, in der magersüchtige, flachbrüstige Models als Schönheitsideal galten und die Größe XXS erfunden wurde. Es hatte ganz schön lange gedauert, bis ich einigermaßen Frieden mit meinen kräftigen Beinen schließen konnte. Und da hatten die noch nix, was man als Dellen hätte bezeichnen können.

Erst mit Anfang dreißig traute ich mich, einen Minirock anzuziehen, und fühlte mich fast so sexy wie Sharon Stone. Bis auf die kurzen dünnen Haare vielleicht. Aber im Gegensatz zu den »zu kurzen, zu kräftigen« Beinen konnte ich da etwas nachhelfen. Mit Extensions. Ich wollte einmal wissen, ob es stimmt, dass alle Männer auf lange Haare abfahren. Vier Stunden dauerte die Verwandlung vom sportlichen Kurzhaarschnitt zur sexy Löwenmähne. Im Gegensatz zu den »Swan«-Kandidatinnen durfte ich die Verwandlung im Spiegel beobachten.

Rapunzel, Rapunzel, lass dein Haar herunter … Auf den 200 Metern vom Afro-Friseursalon bis zum Auto drehten sich mindestens sieben Männer nach mir um.

Ein halbes Jahr genoss ich die Wirkung meiner Walla-Walla-Frisur, dann hat mich das Schwitzen unter meinem Plastikhaar so genervt, dass ich mich davon verabschiedet habe. Sicher war es Zufall, dass ich in dieser Zeit meinen ersten Mann kennengelernt habe …

Das Schöne am Älterwerden? (Ja, das gibt es!) Ich habe mit meinem Körper Frieden geschlossen. Frieden heißt aber erst mal nur: kein Krieg. Ich kann die kleinen Dellen annehmen. Und den Bauch mit seinen weichen Falten. Das bin eben ich, und nach vier Kindern darf man das ja wohl auch haben. Nur bedeutet es noch lange nicht, dass ich alles akzeptieren muss, was da so geschieht. Zum Beispiel die Revolte der Oberlider. Die haben sich vor einigen Jahren entschlossen, unangemeldet abzuschlaffen. Eines Tages lagen sie so auf meinen Augen, dass es sich anfühlte, als hätte ich vergessen, die straffenden Gurkenwasser-Augenpads zu entfernen. Die Redensart »ab und zu ein Auge zudrücken« hatte plötzlich eine ganz neue Bedeutung für mich bekommen … Als Nächstes schränkte meine Lid-Gardine sogar mein Blickfeld ein. Manchmal ist es ja ganz gut, wenn man nicht alles mitkriegt, was links und rechts von einem passiert, aber ich hatte mein Leben hinter Gardinen gründlich satt. Auch beim fünften Blick in den Spiegel guckte mir wie jeden Morgen ein müde-gelangweiltes Gesicht entgegen. Und ständig die nervigen Kommentare zum falsch interpretierten Gemütszustand: »Geht es dir gut? Bist du traurig?«, »Alles in Ordnung? Du siehst so gestresst und müde aus.« … Nee. Ich entschied mich, meine persönliche Schwanwerdung in die Hand zu nehmen. Ganz ohne Show. Ich recherchierte, hörte mich um und fand eine Fachärztin für plastische Chirurgie, die mich lange und sehr gut beriet.

»Ich möchte aber nicht solche runden Kugelaugen haben, mit denen man aussieht, als wäre man im Dauerschock. Oder Lider, die gar nicht mehr richtig zugehen. Manchmal sieht man so was ja auf der Straße und …«

Meine Ärztin unterbrach mich lachend und beruhigte mich. »Ihnen fallen natürlich nur die nicht so glücklichen Beispiele auf. Die perfekten Operationen bemerken Sie ja gar nicht. Also keine Angst. Sie werden aussehen wie immer, nur eben ein wenig frischer, wacher, fröhlicher.«

Trotzdem: Ein Restunbehagen blieb, und die letzte Entscheidung für die OP war nicht ganz einfach. Auch, weil sich am Thema Schönheits-OPs die Geister scheiden.

Da gibt es die tuschelnden Kritikerinnen:

»Sag mal, hast du die Babs gesehen? So einen Busen hatte die doch vorher nicht. Die hat den bestimmt aufpumpen lassen.«

Oder: »Wieso sieht denn die Anke so gut aus? Ist die nicht auch langsam schon fünfzig? Wenn die nicht geliftet ist, fresse ich einen Besen.«

Ob Inga deshalb immer sagt, dass sie sich nur botoxen lässt, weil das gegen ihre Migräne hilft?

Die Gegnerinnen kritisieren den Verlust von Individualität und Selbstakzeptanz. Betete ich irgendwelche Schönheitsideale an? Blendete ich Risiken und Nebenwirkungen einer OP völlig aus? Würde ich mich mit der Prozedur künstlich geschaffenen Idealen unterwerfen? Oder war mein Leidensdruck tatsächlich groß genug, solch einen Eingriff zu rechtfertigen?

Männer beschwerten sich eher selten über wohlgeformte Busen und frische Gesichter. Klang die Kritik der Frauen also nicht auch ein klitzekleines bisschen nach Neid? Oder sollte ich vielleicht doch endlich mal lernen, jeden einzelnen Quadratzentimeter meines Körpers zu lieben? Und ließ sich das Prinzip »wahre Schönheit kommt von innen« wirklich hemmungslos auf jede Frau übertragen? Fragen über Fragen, die mich damals umtrieben …

Ich rede jetzt mal nicht über die Frauen, die, aus welchen Gründen auch immer, jedes Gefühl für Ästhetik und ihren eigenen Körper verloren haben. Frauen, die ihre schönen Münder zu Schlauchbootlippen aufspritzen oder Fett absaugen lassen, wo gar keins war. Aber da sind auch Zwanzigjährige, die so darunter leiden, eine flache Brust zu haben, dass sie sich trotz ihres Wunsches nach Zärtlichkeit niemals trauen würden, sich einem Mann nackt zu zeigen. Die in weiten Schlabberpullis ihren Körper schamhaft verhüllen, darüber depressiv werden und vielleicht sogar suizidgefährdet sind …

Und dann gibt es Frauen, die psychisch hingerichtet sind

nach einer gescheiterten Ehe, die sich vollkommen entwertet fühlen, nachdem ihr Ehemann sie mit einer dreißig Jahre jüngeren Frau verlassen hat. Trauer und Frust stehen ihnen ins Gesicht geschrieben. Ein von Traurigkeit geprägtes Gesicht mit tiefen Zornesfalten wirkt einfach streng und unfreundlich. Ist ein Besuch in der Schönheitspraxis da nicht der erste Schritt aus dem Tief nach dem Motto: Es gibt auch ein Leben ohne den Arschloch-Gatten!?

Klar, es finden sich auch andere Möglichkeiten, die Stimmung ein wenig zu heben, zum Beispiel sich ausgiebig wundervollen Fantasien hinzugeben. Was für eine schöne Idee wäre es beispielsweise, die ruhelosen Nachtstunden der Wechseljahre zu nutzen und dem schlafenden Gatten mit einem kleinen Pikser (mein Hund Carlo hat nicht mal gezuckt) und einer winzigen Kanüle einen Kastrationschip in den Nacken zu injizieren. Völlig harmlos, wenig Nebenwirkungen und absolut reversibel – zumindest wirkt die sanfte Hormongabe bei Hunden so. Die Sexualhormone werden einfach für ein paar Monate deaktiviert, Carlo hat vergessen, warum er gestern unbedingt der Spaniel-Hündin hinterhergelaufen ist, konzentriert sich wieder aufs Stöckchen-Holen und fixiert seine Liebe ganz auf Frauchen. Vielleicht wird er etwas träger, hat mehr Appetit und entsprechend Gewichtsprobleme – ansonsten ist das Ganze völlig frei von Nebenwirkungen. Der abtrünnige Ehemann würde einfach über Nacht vergessen, was er an der jungen Geliebten so sexy findet. Es lebe die schwarze Fantasie! Frau könnte natürlich auch eine Therapie anfangen oder beim Yoga-Workshop in Indien die eigene Mitte finden. Aber wenn jemand so sehr mit seinem Aussehen hadert, dass die Lebensqualität leidet, ist ein Kommentar wie »Wahre Schönheit kommt von innen«, auch wenn da teils was dran ist, wahrscheinlich ebenso wenig hilfreich wie ein »Denk doch einfach mal positiv« für Menschen mit Depressionen.

Bei so viel innerem Hin und Her recherchierte ich lieber noch ein bisschen. Und erfuhr:

Faltenbekämpfung mit der Botox-Flatrate oder durch gezieltes Zunehmen ist der Hit. Frei nach dem Motto: Weg mit dem Fett vom Po und rein ins ehemalige Pausbäckchen.

In Brasilien sind Brustoperationen fast so normal wie der Besuch im Kosmetikstudio. Und in Düsseldorf, Köln und München wird viel häufiger zum Messer gegriffen als in Norddeutschland.

Warum das denn? Haben wir Nordlichter weniger Falten, weil weniger Sonne? Sind wir durch die Kühle besser konserviert? Oder können wir einfach besser mit weniger Schönheit klarkommen: Wer Nieselregen und Nebel als normal betrachtet, kann auch damit leben, ab und an schiete auszusehen …

Was mir letztlich bei der Entscheidung half, ob ich mich operieren lassen sollte oder nicht, waren das absolute Vertrauen zu meiner Ärztin, eine große Portion Mut und die Aussicht, dieses blöde müde Gefühl auf den Lidern loszuwerden.

Dann kam der große Tag. Und als wäre die Aufregung vor meiner OP nicht schon groß genug gewesen, begegnete ich ausgerechnet mit grüner Haube auf dem Kopf, einem entwürdigenden Kittel am Leib (hinten geöffnet) und nur mit Kugelschreiberstrichen geschminkt, die die geplante

Schnittführung skizzierten, diesem Mann. Irgendwas lief hier total schief mit dem Timing! Ich lag auf einem fahrbaren Bett. Und gleich würde der Anästhesist, der aussah, als wäre er einer Arztserie entsprungen, mir den Beatmungsschlauch in den sabbernden Mund schieben. Es gab wirklich bessere Optionen für ein erstes Rendezvous! Dieser Mann hätte mich mit neuem offenem Blick und wundervoll geschminkten Augen kennenlernen sollen!

»Wir fangen jetzt mal langsam an«, sagte er lächelnd. Dann schob er mir sanft die Nadel in die Vene. Mit dir würde ich alles anfangen, dachte ich. Dann war ich weg.

»Und, wie fühlen Sie sich?« Meine Ärztin besuchte mich im Aufwachraum. Ich war mit zugepflasterten Lidern aufgewacht und döste entspannt vor mich hin.

»Blendend!«, antwortete ich ihr. »Muss ich mich extra noch mal operieren lassen, oder könnten Sie irgendwie ein Date mit dem Anästhesisten arrangieren?«

»Ich schau mal, was sich machen lässt«, antwortete sie lachend.

Und dann hatte ich mein ganz persönliches Swan-Erlebnis. Als nach einer Woche die Pflaster entfernt und die Fäden gezogen wurden, guckte mich im Spiegel eine Frau an, die genauso aussah wie ich. Oder vielleicht doch eher wie meine jüngere, gut gelaunte Schwester …

In den nächsten Wochen wurde ich häufig angesprochen: »Dir geht es aber richtig gut im Moment.« – »Warst du im Urlaub? Du siehst so erholt aus.« – »Bist du verliebt? Du guckst so fröhlich.« Ich war sehr glücklich mit dem Ergebnis und fühlte mich toll ohne den Vorhang vor meinen Augen. Und ist das nicht das, was zählt?

Die Frage: »Hast du was mit deinem Gesicht machen lassen?« war nicht dabei. Aber ich erzählte ganz ungefragt einigen Frauen von meinen Erfahrungen, um sie zu ermutigen.

Und was das Verliebtsein angeht: Mit dem Anästhesisten hat's leider nicht geklappt.

Bei mir stand aber auch erst einmal etwas ganz anderes auf der Agenda: der Scheidungstermin von Ehemann Nummer zwei. Ich konnte ihm mit völlig offenen Augen entgegensehen.

17

Eheschließung rückwärts:
Tränen und eine neue Freiheit

Ich bin völlig überrumpelt von dem Schwall Traurigkeit,
der mich beim Scheidungstermin noch einmal
überkommt. Es ist so ähnlich wie beim Kolbenfresser:
Bevor das Fahrzeug ganz seinen Geist aufgibt, dreht es
noch einmal voll auf.

»Zunächst einmal möchte ich die Anwesenheit der Parteien feststellen. Ausweise brauche ich nicht zu sehen, da niemand von Ihnen auf die Idee gekommen sein dürfte, sich in eine fremde Scheidungsverhandlung zu setzen«, begrüßte uns die Richterin. »Außerdem dürften Sie einander auch bestens kennen«, fügte sie hinzu. Sie war die Einzige, die über ihren Witz lachte.

Mein ehemaliger Wunschschwiegervater Ben Cartwright hatte neben Nesthäkchen Little Joe noch die Söhne Hoss und Adam. Warum ich das jetzt erzähle? Er hatte drei Söhne aus drei Ehen und war kein einziges Mal geschieden. Eine Frau starb bei einem Indianerüberfall, eine bei der Geburt und die dritte bei einem Reitunfall. Ich will jetzt nicht sagen, dass das die bessere Variante ist, aber ich wäre lieber auf einem buckelnden Mustang durch feindliches Gebiet geritten, als an diesem Morgen im Gericht in Blankenese zu sitzen.

Manchmal, so kam es mir vor, war bei mir die Kluft zwischen Gefühl und Verstand größer als die Silfra-Spalte zwischen den Kontinenten auf Island. Und während dort Taucher im eiskalten Wasser in Panik geraten bei der Vorstellung, von der Erde verschluckt zu werden, hatte ich an diesem Vormittag Angst, in einer riesigen Gefühlswelle zu ertrinken. Ich verlor dabei den Blick für die Realität: Keiner meiner Männer war mit einer neuen Flamme durchgebrannt, noch hatte einer von ihnen mich mutwillig verlassen. Wir hatten jeweils ganz einvernehmlich beschlossen, unsere Ehe zu beenden. Warum nur fühlte ich mich im Flur dieses Gerichts trotzdem wie ein Pferd, das nach einem Sturz mit Beinbruch im Graben liegt und mit weit aufgerissenen Augen auf den Gnadenschuss wartet?

»Du hast es doch alles selbst so gewollt. Warum bist du denn jetzt traurig?« Diese Frage hatte ich schon bei der ersten Scheidung Dutzende Male gehört. Für viele Menschen passten meine eigene Entscheidung und die darauffolgende Verzweiflung einfach nicht zusammen. Aber: Wenn mein Haus brennt und ich mir beim Sprung aus dem Fenster das Genick breche, würden die Leute dann auch sagen: »Nun, sie wollte ja unbedingt aus dem Fenster springen …«?

Also bitte, was soll ich »gewollt« haben? Ganz bestimmt wollte ich nicht zum zweiten Mal hier im Gericht stehen. Ganz bestimmt wollte ich nicht zum zweiten Mal mit dem Gefühl konfrontiert werden, versagt zu haben, wieder gescheitert zu sein. Nein! Nein! Nein! Aber ich hatte es nicht mehr ausgehalten: die Stille meiner Sprachlosigkeit; das Haus ohne Lachen; die Nächte, in denen wir dicht nebeneinanderlagen und doch so weit entfernt waren; die Einsamkeit, die mir die Luft nahm.

Ich hätte alles getan, um die Spirale rückwärts drehen zu können und wieder Liebe für Tom zu spüren.

Seit der Trennung hatten wir uns zig Mal gesehen. Trotzdem standen wir jetzt unsicher und verlegen vor diesem Amtszimmer und vermieden es, uns in die Augen zu blicken.

Fünf Jahre hatte es gedauert, bis wir schließlich hier im Gericht standen, um unsere Ehe zu beenden. Aber nicht deswegen, weil das Prozedere es erfordert hätte, sondern weil wir anfangs beide dachten, dass eine Trennung vollkommen reichen würde und eine Scheidung gar nicht notwendig sei. Außerdem stand mir die Abwicklung unheilvoll vor Augen: Versorgungsausgleich, Sorgerecht, Kinderunterhalt, Ehegattenunterhalt, Zugewinnausgleich. Das klang nach endloser Rechnerei, Verhandlungen, Dutzenden von Anträgen und Anwaltsbriefen. Trotzdem kam irgendwann der Tag, an dem es sich plötzlich nicht mehr richtig anfühlte, auf Anträgen »verheiratet« anzukreuzen, Steuererklärungen, Konten und andere bürokratische Dinge als Ehepaar zu handhaben. Ich merkte, dass für mich die Zeit gekommen war, einen klaren Schnitt zu machen. Wie eine Scheidung funktioniert, wusste ich ja bereits. Als ich mit Theo, meinem ersten Mann, das erste Mal über Trennung sprach, kaufte ich mir sofort einen Scheidungsratgeber und informierte mich über Rechte, Ansprüche und Abläufe. Heute braucht man nur zu googeln: »Wie funktioniert eine Scheidung?« Sofort ploppen zig hilfreiche Links auf: »30 Tipps & Hilfen zur Scheidung«, »Schnelle Scheidung online«, »Scheidung schnell und günstig«, »Scheidung ohne Anwaltstermin« und so weiter. Es ergibt durchaus Sinn, sich mit einigen Fakten auseinanderzusetzen, bevor man einen Anwalt einschaltet.

Tom und ich hatten alles einvernehmlich klären können, das gemeinsame Sorgerecht behalten. Und obwohl es an diesem Morgen doch eigentlich nur noch einmal darum ging, offiziell zu beurkunden, was wir längst lebten, fühlte es sich fremd und furchtbar an.

Aber es war zumindest etwas hilfreich, dass ich aus meiner Erfahrung wusste, was in den nächsten zehn Minuten auf mich zukommen würde. Mit Theo war ich im Anschluss an die Scheidung frühstücken gegangen. Wir hatten damit ein Zeichen setzen wollen, dass wir als erwachsene Menschen, Freunde und Eltern auf Lebenszeit miteinander verantwortungsvoll umgehen konnten. Eine absurde Idee und Vergewaltigung meiner Gefühle. Fahrig hatte ich in der Speisekarte geblättert und dann Kaffee und Rührei bestellt, mein Frühstücks-Leibgericht. In der Hoffnung, Halt zu finden und die Kälte aus meinem Körper zu vertreiben, hatte ich meinen Kaffeebecher mit beiden Händen umklammert und Theo angeblickt. »Wie konnte das passieren mit uns? Was haben wir denn nur falsch gemacht? Und jetzt. Warum nur …? Glaubst du, wir haben zu früh aufgegeben? Wir haben sie uns doch beide so gewünscht, diese heile Familie …«

Irgendetwas in mir war nach all den Monaten noch immer nicht bereit gewesen, unser »Scheitern« zu akzeptieren. Ich hatte einfach nicht aufhören können, mich das zu fragen, obwohl ich die Antwort genauso gut gekannt hatte wie

Theo, der mich traurig angesehen und endlich meinen quälenden Wortschwall gebremst hatte mit den Worten: »Alles ist richtig so. Lass es gut sein, Adrienne.«

Dann hatten sich Anspannung und Traurigkeit in einem Meer aus Tränen aufgelöst, die das duftende Rührei in einen gelb-gräulichen Matsch verwandelt und Theos Taschentuch Wimperntusche-schwarz gefärbt hatten. Als ich später im Auto saß und mein Gesicht im Rückspiegel betrachtete, musste ich fast lachen. Wenn es mir gelingen würde, meine Jungs so zu Halloween zu schminken, wären sie selig.

Jetzt stand ich also im selben Gericht, im selben Flur – nur einen Raum weiter. Und wieder erschien mir das Prozedere mehr als makaber. Eine Scheidungsverhandlung fühlt sich an wie Eheschließung rückwärts. Meine Freundin Anne war diesmal nicht als Trauzeugin, sondern als Anwältin an meiner Seite.

Verstaubte Bilder schossen hervor und torpedierten mein Herz: die erste Begegnung auf der Party einer Freundin, der Blumenstrauß per Fleurop mit der Bitte um ein Date, knutschend und kugelnd vor Lachen auf dem Sofa, tanzend im Wohnzimmer, stürmische Liebesnächte, das wunderbare Gefühl zusammenzugehören.

Ich starrte die Richterin an und war plötzlich in einem ganz anderen Film:»Ich frage Sie, ist es Ihr freier Wille, mit diesem hier anwesenden Mann die Ehe einzugehen, so beantworten Sie die Frage mit einem ›Ja‹.« Tatsächlich kam aus dem Richterinnenmund ein ganz anderer Satz: »Da eine Ehe erst geschieden wird, wenn sie zerrüttet ist und die Parteien sie nicht wiederherstellen wollen, bitte ich nun um Ihre Zustimmung.«

Ich blickte zu Tom. Auch sein angespanntes Gesicht war mir vertraut. Ich mochte ihn und war froh, dass er der Vater meiner beiden jüngeren Kinder war, aber mit unserer Paarliebe war es vorbei.

»Halten Sie die eheliche Lebensgemeinschaft für gescheitert, und lehnen Sie die Wiederherstellung ab?«

Beide bekräftigten wir unseren Entschluss mit einem Ja. Nun flogen weder Reis noch Blumen, die Richterin sagte nur schnöde: »Nachdem wir das Vorliegen der Scheidungsvoraussetzungen festgestellt haben, bitte ich Sie, sich für die Verkündung des Scheidungsbeschlusses zu erheben: Die am blabla vor dem Familiengericht blabla blabla geschlossene Ehe der Parteien wird geschieden. Die Kosten des Verfahrens werden gegeneinander aufgehoben. Bitte setzen Sie sich wieder.«

Meine erste Scheidung war begleitet von Gedanken wie: Das kann doch jedem passieren, vielleicht waren wir zu jung, zu unerfahren, vielleicht war es ein Irrtum. Vielleicht bekomme ich die Chance, es noch einmal besser zu machen.

Und nun? Nun hatte ich eine zweite Chance gehabt und diese auch versemmelt. War ich beziehungsunfähig? Warum hatte ich es wieder nicht geschafft? Eins war klar: Was immer auch kommen würde – ein Familienleben so, wie ich es mir immer gewünscht hatte, würde es in meinem Leben nicht mehr geben. Und deshalb tat es diesmal vielleicht sogar noch mehr weh als beim ersten Mal.

Weise verzichtete ich auf ein gemeinsames Essen. Stattdessen fuhr ich nach Hause, lud meinen Hund ins Auto, und ab ging es an die Elbe.

Ich stapfte am Strand entlang, ließ mir den Wind um die Nase wehen. Das graue Schietwetter passte zu meiner melancholischen Stimmung. »Ich wünsche Ihnen alles Gute auf Ihren Lebenswegen, die nun jeder für sich allein gehen wird«, hatte die Richterin zum Abschied gesagt. Diesen Lebensweg ging ich ja bereits seit einigen Jahren allein. Und trotzdem: Wie würde meine Zukunft aussehen, jetzt, wo die Karten wieder neu gemischt wurden? Neben dem Gefühl von Abschied und Ende spürte ich auch eine große Portion Neugier und Abenteuerlust.

»Morgen hast du es endlich überstanden«, hatte Natalie gesagt. »Wir könnten eine Mega-Scheidungsparty für dich organisieren. Was meinst du?«

Scheidungspartys liegen voll im Trend. Man braucht nur einmal bei Instagram reinzugucken unter dem Hashtag divorceparty. Da gibt es um die dreißigtausend Fotos: Frauen, die in ihren Hochzeitskleidern ausgelassen das Ende der Ehe mit ihrer Freundin feierten, »Better-without-him«-Sprüche auf T-Shirts, rosa Kronen und Fläschchen – oder auch solche: »I do, I did, I'm done«; »Free at last«, »40 & free«. Sogar Partyfrauen mit bedruckten »Just Divorced«-Schärpen sind zu sehen. Die Party als Geste des Loslassens. Als Symbol für den Neustart ins Leben, als Dank an alle Freundinnen, denen man monatelang die Ohren vollgeheult hat. Es mag sein, dass es einigen Menschen hilft.

Ich brauchte allerdings nicht eine Sekunde darüber nachzudenken, ob dergleichen für mich infrage käme. Für mich fühlte sich die Scheidung trotz der traurigen Gefühle richtig an, doch eine Party hätte ich mir weder nach Scheidung Nummer eins noch nach Nummer zwei vorstellen können. »Ich habe mir genau diesen Mann ausgesucht, weil ich wusste, dass er der beste Papi der Welt sein wird. Selbst wenn es mit unserer Ehe leider nicht geklappt hat«, hatte ich meinen Kindern erklärt. Sicher gab es Paare ohne Kinder und mit anderen Geschichten, für die eine Party hilfreich war. Meine Kinder hätte so etwas nur verletzt.

Glücksgefühle verspürte ich vielmehr, als mir eines Tages bewusst wurde, dass sich etwas geändert hatte. Ich war am »Papi-Wochenende« nicht mehr traurig, wachte am Samstagmorgen zufrieden auf, freute mich auf meine kleine Auszeit vom Einkaufen, Kochen, Versorgen, genoss die Zeit in meinem Haus und schmiedete fröhlich Urlaubspläne – ohne diesen Druck im Bauch. Überfordert fühlte ich mich nur noch ab und zu. Etwa, wenn etwas im Haus zu reparieren war. Anfangs besaß ich nur einen Hammer und eine Zange, und auch die hatte ich kein einziges Mal in der Hand gehabt. Nie werde ich den belustigten Blick des Monteurs vergessen, der jedes Rouge überflüssig machte: »Sie müssen nur den roten Knopf drücken und die Heizung *anstellen*, dann läuft sie auch.« Wie viele Handgriffe im Haus hatte ich jahrelang aus Bequemlichkeit dem Ehemann überlassen. Die Fünfzigerjahre lassen grüßen!

Auch heute bin ich noch keine Handwerkerbraut, aber ich habe mein Leben organisiert. Das können Frauen nach der Trennung häufig besser als Männer, sagt mir mein Gefühl. Vielleicht, weil wir jahrelange Erfahrungen im Familienmanagement haben?

Für Nadines Mann Carsten ist es jedenfalls eine Kleinigkeit, mein neues Telefon anzuschließen, Jonahs Freund Jonathan freut sich, zum Studium ein paar Euro dazuzuverdienen, und schneidet unsere Hecke, Matthias von nebenan konnte meine streikende Heizung wieder in Gang setzen, und mein Freund Andreas repariert im Moment gerade das alte Mofa in der Garage für Juri. Ich habe gelernt, um Hilfe zu fragen und sie anzunehmen, helfe selbst, wo ich kann, und habe mein Haus jetzt unter Kontrolle.

Mein Haus! Inzwischen klingt das für mich nach Unabhängigkeit und Selbstbestimmung. Mit niemandem über die Farbe der Gardinen streiten, nicht darüber, ob das Bett vor dem Fenster oder mitten im Raum stehen soll, keine unnötigen Kommentare zu Körben von Ikea und auch keine überflüssigen Fragen wie: »Sag mal, Schatz, brauchen wir das wirklich? Das steht doch nur rum und fängt Staub!«

Neulich lud ich meine Freundin Ulla ein und bat sie um Hilfe bei der Umgestaltung des Hauses. Als Architektin hat sie ein bewundernswertes Händchen für Einrichtung und Deko. Ich war sofort begeistert von ihren Ideen, die sie mir in wenigen Strichen skizzierte. Gemeinsam stellten wir ein paar Möbel um, stöberten online nach Lampen und Accessoires. Und am Ende des Abends bestellte ich mir sogar einen Elektrokamin. Der ist nämlich gar nicht »kitschig«!

Meine neue Lektion: Allein zu leben bedeutet auch eine Form von Freiheit und Luxus. Man muss sich dafür nicht völlig neu erfinden, aber man darf, vielleicht zum ersten

Mal überhaupt, ungebremst den eigenen Stil leben: das teure Rennrad erwerben, Tauchen lernen, sich den schrillen Badeanzug leisten, die Haare färben, den lila Teppich kaufen ...

Ich strich meine Küchenschränke knallrot, hängte mir eine lebensgroße Kuh auf Leinwand ins Wohnzimmer, und dann meldete ich mich nach zehn Jahren Hadern wirklich zum Tauchkurs an.

18

Sex reloaded

Wie ist das nach Tausenden Nächten mit dem
vertrauten Ehemann eigentlich mit einem Neuen?
Und wie, wenn man sich jenseits der knackigen Jahre
befindet und daher am liebsten nur noch im Liegen
und mit gestreckten Armen präsentieren würde,
damit alles straff erscheint?

»Mami hat gesext!« Jonah war fast aus dem Bett gefallen vor Freude, dem älteren Bruder seine neueste Erkenntnis aus dem Sexualkundeunterricht der dritten Klasse zu offenbaren.

»Viermal, du Blödmann«, korrigierte ihn Justus altklug. »Zähl doch mal, wir sind vier Kinder.«

»Viermal – iiiih«, juchzte Jonah. Dabei guckten die Jungs mich an wie ein sonderbares Insekt. Sofort fühlte ich mich wie eine Nymphomanin. Und verpasste den günstigen Moment, meine Kinder locker darüber aufzuklären, dass Mütter auch nur Menschen sind, zur Gattung Frauen gehören und sich freiwillig und aus Freude mehrmals im Leben auch ohne Kinderwunsch »versexen«. Stattdessen nahm ich das »Insektengefühl« mit.

Wollen Kinder wissen, dass ihre Eltern Sex haben – mit wem auch immer? Ich dachte an meine Mutter und meinen Vater und … oh mein Gott!

Jedenfalls war das Thema »Sex jenseits von Ehe und biologischem Fortpflanzungsauftrag« aktueller, als Jonah zu diesem Zeitpunkt ahnte. Es gab nämlich wieder einen Mann in meinem Leben. Den hatte ich dann doch bei Tinder kennengelernt, denn das mit dem Single-Button auf dem Auto hatte ja nicht so richtig geklappt.

Nach drei Tagen hatten wir unser erstes Date und waren spontan begeistert voneinander. Vier Wochen lang verbrachten wir romantisch knisternde Abende beim Italiener, gingen mit meinem Hund Carlo an der Elbe spazieren, waren im Kino und auf einer Party bei Freunden, und nun lag es mir am Herzen, Michael meinen Jungs vorzustellen. Vielleicht bei einem Ausflug in den Heide-Park Soltau? Oder sollten wir lieber ins HSV-Stadion gehen? Die Frau plant, das Schicksal lacht …

Ich kämpfte mich mit mehreren Plastiktüten beladen und einem Kind an jeder Hand durch das überfüllte Einkaufszentrum, als ich Michael in der Menschenmenge sah.

Kurz hoffte ich noch, dass es mir gelingen würde, unbemerkt mit Juri und Johann zu flüchten, aber da hatte Michael uns bereits entdeckt und kam strahlend auf uns zu. Dann standen wir uns erst mal schweigend gegenüber. Wie auch vor meinen gaffenden Jungs mal eben so die richtigen Worte finden? Schamlos musterten meine Söhne den fremden Mann.

»Kennst du den Mann, Mami?«, fragte Johann, ohne seinen kritischen Blick von Michael abzuwenden. Mir schoss das Blut in den Kopf, als hätten meine Söhne uns nicht im Einkaufszentrum, sondern knutschend im Bett überrascht. So hatte ich mich zuletzt mit fünfzehn gefühlt, als meine

Mutter unerwartet nach Hause gekommen war und mich in einer Runde nur noch spärlich bekleideter Teenager beim Flaschendrehen erwischt hatte. »Nein, das heißt natürlich ja ...«

Ungeduldig unterbrach Juri mein Gestotter und wandte sich direkt an Michael. »Du bist noch größer als mein Papa«, stellte er bewundernd fest.

»Und viel dicker!«, ergänzte Johann.

Meine Gesichtsfarbe wechselte von durchgehend rosig zu karminrot. Einen kurzen Gruß murmelnd, verabschiedete sich Michael und hielt zum Zeichen, dass er das Gespräch lieber am Telefon fortsetzen würde, den Daumen und kleinen Finger seiner rechten Faust ans Ohr.

Schließlich hatten wir unser neuntes Date. Und zwar weder im HSV-Stadion noch im Heidepark und auch nicht mit den Kindern, sondern zu Hause und allein!

Nach der amerikanischen Regel war ich damit schon überfällig. Die lautet nämlich: Beim ersten Date wird miteinander geredet, und es endet vielleicht mit einer Umarmung und einem harmlosen Gute-Nacht-Kuss. Beim zweiten Date kommt man sich näher, es wird auch schon mal geknutscht oder gekuschelt. Beim dritten Date geht man miteinander ins Bett – oder eben nicht und landet in der »Gute-Freunde-Abteilung«.

Unter Freunden war ich immer die Erste, die verkündete, dass Sinnlichkeit zur Liebe gehört wie die Blätter zur Blume. Und dass man keinesfalls zu lange mit dem Sex warten sollte, denn: Was nützt es, die Freude am Radwandern zu teilen, wenn die Panne dann im Bett passiert?

Tja, solche Phrasen zu verkünden, ist leicht. Aber es auch tun? Noch zwei Stunden hatte ich bis zu meinem Date mit Michael, und statt in Vorfreude zu schwelgen, holte mich eine Erinnerung ein: Ich sah mich plötzlich in Neoprenanzug, Gummischuhen, mit Helm und Seilen bewaffnet am Rande einer Klippe stehen. Zwischen mir und dem Wasser lagen fünf Meter. Und die sahen jetzt, von oben aus betrachtet, viel höher aus als von unten. Welcher Teufel hatte mich nur geritten, mich zum Canyoning anzumelden?

»Nicht nachdenken – einfach den Kopf ausschalten, springen und genießen«, ermutigte mich der Wilderness-Guide neben mir. So eine Anweisung konnte auch nur von einem Mann kommen. Genauso gut hätte er von mir verlangen können, nicht zu atmen. Es fühlte sich an wie vor über vierzig Jahren auf dem Einmeterbrett im Schwimmbad. Sollte ich springen?

Warum ich gerade jetzt an meine Sprung-Erfahrungen denken musste? Die Aussicht auf möglichen Sex versetzte mich in dieser Sekunde jedenfalls in Panik. Denn miteinander Sex zu haben hieß doch, sich mit allen Sinnen auf eine neue Berührungsebene einzulassen, fast alle Teile von sich offenzulegen – und das machte verletzlich.

Apropos »Teile offenlegen«: Was, wenn Michael sich plötzlich im Tigertanga präsentierte oder mit Satin-Boxershorts mit Mickey Mouse drauf? Was, wenn er im falschen Moment die falschen Worte sagte? Und was, wenn ich ihm nicht gefiel? Vier Kinder, zwei Ehemänner und ungezählte Salamipizzen hatten durchaus Spuren hinterlassen. Außerdem war ich über die Jahre nicht jünger geworden: Kritisch musterte ich mich im Spiegel, betrachtete meine Oberarme.

Wenn man »Winkearme wegtrainieren« googelt, ploppen Tausende Tipps und Tricks auf. Helfen tut nix. Weil uns Frauen fieserweise an dieser Stelle einfach keine Muskeln wachsen wollen. Und egal, wie viel wir trainieren: Die Falten am Hals, im Dekolleté und die weiche Haut am Bauch, die bleiben.

Klar hatten die Veränderungen meines Körpers nicht erst letzte Woche stattgefunden. Aber vorher war ich verheiratet gewesen, und der Mann, der mich täglich gesehen hatte, war neben und mit mir gealtert, seine Haare waren dünner geworden und ergraut. Das hatte sich normal und vertraut angefühlt.

Aber jetzt? Ich sag mal so: Im letzten Jahr ist mein Kater gestorben – nach achtzehn gemeinsamen Jahren die längste Beziehung meines Lebens. Zuletzt war der einst so stolze kräftige Kater dünn, grau, struppig und schlich mit steifem Gang durchs Haus. Egal. Ich liebte ihn! Aber hätte ich die Wahl, mir eine neue Katze ins Haus zu holen, würde ich mich sicher nicht für eine arthritische entscheiden. Gemeinsam älter zu werden ist eine Sache, sich im Arthrose-Alter zu begegnen eine andere, oder?

Ich streckte die Arme nach oben, was sofort den Bauch straffte und eine sensationelle Veränderung des Gesamtbildes ergab. Tja, diese Rückenlage war schon als Teenie der Trick gewesen, um sich im Freibad unwiderstehlich zu präsentieren. Also, die Missionarsstellung war direkt mal gebongt für heute.

Trotzdem gelang es mir nicht, meine Nervosität unter Kontrolle zu bekommen. Ob eine Beruhigungstablette helfen würde? Ich könnte sie zum Hauptgang einwerfen und mich dann sehr entspannt als Dessert präsentieren. Was aber, wenn der Hund noch mal rausmusste oder das Telefon klingelte oder Michael mir ein bedeutsames Ereignis aus seinem Leben erzählen wollte … Eine Frau, die schon schnarchte, bevor der Mann die Socken ausgezogen hatte – das war wohl kein guter Start für die erste gemeinsame Nacht.

Dann klingelte Michael. Der Blumenstrauß, den er mitbrachte, landete im Flur. Ich sprang wie damals einfach von der Klippe und genoss den Adrenalinschub. Wovor hatte ich noch mal Angst gehabt? Wie konnte ich vergessen, dass alles von selbst läuft und es keinerlei Grund zur Sorge gibt, wenn ich Vertrauen habe und Nähe spüre? Und dass, wären die Sorgen später immer noch da, es vielleicht nicht der passende Mann wäre?

Und was meinen Vorsatz mit den nach oben gestreckten Armen angeht: Ich nehme mir ja auch jedes Jahr fest vor, kein Schmalzgebäck zu essen. Und dann verwerfe ich die Idee trotzdem, sobald ich über den Weihnachtsmarkt bummele und das köstliche Gebäck rieche.

Jedenfalls nehme ich heute nach dem Sex nicht mehr zu – denn die Zeit, in der ich sozusagen schon vom Angucken schwanger wurde, ist praktischerweise vorbei. Und sonst: Wie wunderbar, dass die schönen Dinge im Leben nie ihren Zauber verlieren. Auch wenn sich das mit Michael dann doch bald wieder verlief.

19

Was geht noch – und wenn ja, wie lange?

Das Leben steckt voller Überraschungen, und das Schicksal hat meist ganz andere Absichten als man selbst: Was tun, wenn Träume platzen? Weinen, toben, hinschmeißen? Oder doch wieder aufrappeln, Erfahrungen sortieren, ins Risiko stürzen und wagen weiterzumachen?

»Sechs Monate allein in Neuseeland sind kein All-Inclusive-Spaßpaket«, leitete Jane ihr Gespräch mit meinem Sohn Juri ein. Sie ist Mitarbeiterin von International Experience, einer Schüleraustausch-Organisation, und war zu uns gekommen, um Juri zu interviewen und dabei zu prüfen, ob er für diese Herausforderung geeignet wäre. Nicht nur Juri, sondern auch ich lauschte ihren anschaulichen Ausführungen sehr aufmerksam.

»Vielleicht klappt das mit Fußball und Surfen an der Schule. Vielleicht aber auch nicht. Vielleicht findest du Freunde, hast tolle Gasteltern.« Sie hielt kurz inne. »Schließe doch mal die Augen und überlege: Welche Lehrerin an deiner Schule magst du überhaupt nicht? Und mit welchem Schüler würdest du dich niemals anfreunden?« – Nach ein paar Sekunden fuhr sie fort: »Genau diese beiden stehen als

Doppelpack am Flughafen: Deine neue Gastfamilie! Wie gehst du damit um? Alles ist möglich, wenn du dich in dieses Abenteuer stürzt. Das Einzige, was ich dir vorhersagen kann, ist: Es wird auf jeden Fall schwierige Zeiten geben, in denen du damit klarkommen musst, dass es anders ist, als du erwartet hast. Zeiten, in denen du viel Spaß haben wirst, aber auch Zeiten, in denen du vielleicht irrsinniges Heimweh hast. Und weißt du was? Genau in diesen Zeiten, in denen du am liebsten das nächste Flugzeug nach Hause nehmen würdest, lernst du dich selbst richtig kennen; lernst, wie du es schaffst, Schwierigkeiten zu meistern, wächst an den Herausforderungen. Und *das* ist – natürlich neben viel Spaß und tollen Erlebnissen – die Idee des Programms!«

Funktioniert so nicht das ganze Leben? Wir sind mit tausend Wünschen und Plänen am Start, wenn es um unsere Lebensplanung geht, und dann kommt alles anders. Manchmal kann dieses »anders« ganz wunderbar sein, manchmal ist es aber auch traurig, schmerzhaft, zum Weinen, Toben, Hinschmeißen.

Mit zwanzig war ich ganz sicher: Dreißig ist genau der richtige Zeitpunkt, um eine Familie zu gründen und überhaupt, um endlich mein Berufsleben in trockenen Tüchern zu haben. Aber mit zwanzig habe ich ja auch noch gedacht, meine Beine wären zu kurz und kräftig, um einen Minirock zu tragen, Reitlehrerin zu werden wäre die ultimative Berufswahl und einen Mann zu haben die Voraussetzung für ein sorgenfreies und glückliches Leben.

Meine ersten beiden Söhne bekam ich dann mit zweiunddreißig und vierunddreißig. Und dachte damals, meinen Lebensplan im Hinterkopf: Jetzt wird's aber höchste Zeit. Mit vierzig habe ich nach dem Motto »Einer geht noch …« ganz entspannt Sohn Nummer drei zur Welt gebracht. Und was soll ich sagen, kurz vor der Menopause – mit vierundvierzig – kam Sohn Nummer vier zum absolut richtigen Zeitpunkt in mein Leben. Und mit zweiundfünfzig wurde ich über Nacht Ziehmutter eines jungen Mannes aus Syrien.

Die grausamen Bilder vom Krieg und den vielen verzweifelten Menschen ließen mich und die Jungs damals nicht mehr los. Dazu kam bei mir der Gedanke, wie es wäre, wenn umgekehrt meine großen Söhne auf der Flucht wären und irgendwo allein in einem fremden Land am anderen Ende der Welt in Not. Also beschlossen wir alle gemeinsam: Auf einen mehr kommt es jetzt im Haus auch nicht an. Wir verlebten sieben unerwartete, vergnügte, bewegende, berührende Monate, die unser Leben verändert und bereichert haben. Daraus entstand völlig unerwartet mein erstes Buch *Willkommen bei den Friedlaenders! Meine Familie, ein Flüchtling und kein Plan.*

Manchmal glaube ich, das Schicksal sammelt geduldig Ideen zur Lebensplanung ein wie ich die Wünsche meiner Jungs zu Weihnachten: »Ich wünsche mir eine Nerf N-Strike Longshot; einen Roboter, der meine Hausaufgaben macht; ein Pony; einen Delfin, der in unserem Planschbecken wohnt; ein elektrisches Motorrad …« Und dann? Gibt es doch »nur« die Lego-Polizeiwache. Wünschen oder Planen ist erlaubt. Der Fantasie sind da keinerlei Grenzen gesetzt. Was man allerdings am Ende wirklich bekommt, ist manchmal eine ganz andere Sache.

So war das zum Beispiel auch mit Michael, Freund eins, nach Scheidung zwei …

Normalerweise ist mein Bauchgefühl recht verlässlich, bei Michael hatte es kurz versagt, Wunschdenken mit Intuition verwechselt. Das kann schon mal passieren, wenn der Wunsch nach einem Partner einen phasenweise rechts überholt, die Hormone durch die Blutbahn sausen, Gefühle durcheinandergaloppieren und der Verstand nur noch nach Luft schnappt.

Nachdem die Emotionen wieder auf Raumtemperatur abgekühlt waren, wurde mir schnell klar, dass Michael nicht der Mann war, mit dem ich später Hand in Hand auf der Bank vor dem Seniorenheim in der Sonne sitzen wollte. Warum? Jeder kennt doch diese Paare, wo man sich fragt: Wie passen denn ausgerechnet die zusammen? Was zwei Menschen verbindet oder eben nicht, ist und bleibt ein großes Geheimnis.

Aber wie hatte mein Eheberater damals gesagt: »Der Heiratsgrund ist oft auch der Scheidungsgrund.« Was er damit meinte? Gegensätze ziehen sich an, heißt es. Aber am Ende scheitert die Partnerschaft eben häufig doch am Anderssein.

Dabei frage ich mich, ob »scheitern« immer das richtige Wort ist. Beim Dating haben die Männer, denen ich begegnet bin und die so gar nicht zu mir und meinem Leben passten, mich erst richtig auf meine Wünsche und Bedürfnisse gestoßen, mir immer bewusster gemacht, was ich möchte und nicht mehr möchte. Das fühlt sich für mich mehr nach Wachsen und Lernen als nach Scheitern an. Und für mich fühlt es sich auch nicht nach Scheitern an, wenn Ehen oder Partnerschaften nach zehn, fünfzehn oder zwanzig Jahren auseinandergehen, weil sich die Beteiligten in unterschiedliche Richtungen entwickelt haben.

Wieso blicken wir nicht häufiger auf das, was wir geschafft haben, statt auf das, was wir nicht geschafft haben? Ich denke da auch an die Jahre des Flüchtlingsansturms in Europa. Ständig wurde nur darüber berichtet, wo es schwierig ist und wo das Land versagt hat, und selten über die Millionen Menschen, die wir untergebracht haben, die geretteten Leben, die tollen Initiativen und Integrationserfolge.

Warum also ist eine Ehe gleich gescheitert, wenn sie nicht bis zum Tod hält?

Eine Liebe kann groß sein, auch wenn sie nicht ewig hält. Heute mache ich mir deswegen weder Vorwürfe noch hadere ich wegen vermeintlich »vergeudeter Jahre«. Meine Ehemänner und ich hatten wunderbare Zeiten miteinander, auch wenn diese irgendwann vorbeigingen. Deshalb fühlt es sich für mich heute nicht mehr wie Scheitern an. Ich habe vier großartige Kinder, damit haben wir gemeinsam ein Stück Familiengeschichte geschrieben und die Jungs auf einen guten Weg gebracht. Im letzten Jahr haben wir alle zusammen Konfirmation gefeiert: Exfrau, neue Freundin, Großeltern beider Seiten – die ganze bunte Patchworkfamilie zusammen. Ein wunderbares, fröhliches Fest. Darüber möchte ich mich freuen und aufbrechen in den nächsten Lebensabschnitt.

Was das »Anderssein« betrifft – da bin ich durch meine Erfahrungen wachsam geworden. Sollbruchstellen und Konfliktpotenzial wittere ich heute so schnell wie mein

Jagdhund Carlo die Leberwurst im untersten Winkel der Einkaufstasche. Wie war das noch mit Ninas Gummibärchen-Theorie im Flirtkurs: Michael war bestimmt ein klasse Mann, aber leider nicht für mich. Also zurück in die Tüte mit ihm. Und falls ich wieder Appetit bekommen sollte, kann ich ja noch mal neu hineingreifen und mein Glück mit einem anderen Exemplar versuchen.

Was wohl meine Söhne später ihren Kindern erzählen werden, warum denn die »arme Oma Adrienne« nach der zweiten Scheidung keinen neuen Mann mehr gefunden hat? (Falls es denn so bleibt ...) Vielleicht: »Sie war so eine anspruchsvolle Frau, keiner war ihr gut genug.« Möglicherweise würden sie noch hinzufügen: »Außerdem hatte sie ja uns.« Oder: »Na ja, sie war damals auch nicht mehr die Jüngste. Schon jenseits der fünfzig ...«

Apropos »jenseits der fünfzig« und überhaupt zum Älterwerden. Häufig höre ich im Freundeskreis: »Dafür bin ich zu alt.« Und manchmal – an ganz schlechten Tagen – schleicht sich dieser Gedanke auch in mein Leben.

»Weißt du, was mein Mann immer macht, wenn er sich aus dem Kühlschrank sein Feierabend-Bier holt?«, fragte mich letztens eine Frau, die ich auf einer Party kennengelernt hatte.

Ich wusste es natürlich nicht.

»Er ...«, sie kicherte, »also, er überprüft die Haltbarkeitsdaten auf den Lebensmitteln. Dann hält er mir abgelaufene Joghurts oder Aufschnitt-Päckchen entgegen und entsorgt sie, wobei er vorwurfsvoll mit dem Kopf schüttelt. Und gestern ist mir dann der Geduldsfaden gerissen. Ich hab ihm um die Ohren geschleudert: Wenn du so weitermachst, kannst du dich als Nächstes selbst entsorgen. Du bist nämlich gerade dabei, dein Haltbarkeitsdatum als Ehemann zu überschreiten.«

Tja, es gibt nicht nur Ehemänner mit Verfallsdatum, sondern auch Wünsche, Pläne und Träume, die endlich sind: Kinder zu bekommen etwa. Irgendwann hört die viel zitierte biologische Uhr ja tatsächlich auf zu ticken. Mit dem nächsten Mann kann ich keine gemeinsamen Kinder mehr haben. Ich werde auch sicher kein Profi mehr im Apnoetauchen, wenn ich jenseits der fünfzig das erste Mal den Kopf unter Wasser stecke. Und so faszinierend ich die Idee finde, Tango tanzen zu lernen: An der Weltmeisterschaft in Buenos Aires werde ich wohl nicht mehr teilnehmen, genauso wenig, wie ich als Ärztin durch Krankenhausflure rauschen werde, auch wenn ich heute oft denke, dass ich gern für kranke Menschen da gewesen wäre.

Vielleicht kann ich mich in ein paar Jahren tatsächlich nicht mehr für eine Reisereportage durch das Dickicht in Uganda schlagen, um Gorillas im Regenwald zu beobachten. Und dann? Fahre ich stattdessen mit einem VW-Bus durch Italien oder wandere durch den Schwarzwald und schreibe ein Buch über die tollsten Hiking-Trails für Senioren. Und statt als Ärztin zu heilen, könnte ich als Krankenhaus-Seelsorgerin Menschen in Not helfen, und vielleicht reicht es beim Tango einfach für einen Tanz auf der Straße. Es gibt Frauen, die haben sich durch ihr Alter nicht aufhalten lassen. Kennen Sie Greta Silver? Sie hat mit sechsundsechzig einen YouTube-Kanal (»Zu jung fürs Alter«) gestartet, um ihre Lebensfreude weiterzugeben. Oder die

Schwedin Dagny Carlsson? Sie lernte mit neunundneunzig, wie man einen Computer bedient, bloggt, seit sie hundert ist, und gibt Seniorinnen Computerkurse. Heute ist sie einhundertsechs.

Nein, nein, nein und noch mal nein. Auch ich lasse mich nicht bremsen. Nicht von anderen Menschen und vor allem nicht von mir selbst. Selbst auf die Gefahr hin, dass ich eines Tages beim Date im Altenheim wieder vor Aufregung ohnmächtig werde oder andere denken, ich sollte meine Tassen im Schrank mal auf Verluste überprüfen …

Die Frage nach dem, was »man tut« und was »sich gehört«, habe ich allerdings gerade erst losgelassen.

Vor zwei Jahren etwa habe ich meinen Lieblings-Minirock, ein Wahnsinns-Farbmix aus Lachs und Leoprint, und meine fünfzehn Jahre alten, über alles geliebten und selbst abgeschnittenen Jeansshorts schweren Herzens in den Keller gebracht – mit dem Gedanken: Dafür bist du jetzt echt zu alt!

Jetzt liegen beide wieder im Kleiderschrank und: Ich trage sie auch. Bin ich denn wahnsinnig, mich von meinen Lieblingsklamotten zu trennen? Und überhaupt, wer außer mir bestimmt denn, was ich wann tragen kann? Wenn ich im Bett frühstücken möchte, kann ich doch im Pyjama Brötchen holen, Jeansjacke drüber, Fellstiefel an – cooler Look.

Und überhaupt! Diesen Sommer habe ich mit Johann eine Radtour gemacht. Wir kamen am Freibad vorbei. »Das wäre bestimmt spannend, hier nachts heimlich einzusteigen und schwimmen zu gehen«, sagte mein Jüngster mit abenteuerlichem Blitzen in den Augen.

»Wollen wir?«, fragte ich ihn und blinzelte ihm zu. Dann fuhren wir noch einmal am Zaun entlang, schauten, an welcher Stelle man am besten drüberklettern könnte, überlegten, was wir täten, wenn wir einem bissigen Wachhund begegneten oder die Polizei käme. Begeistert schmiedeten wir Pläne, und für dieses Gefühl und die Freude im Gesicht meines Sohnes hätte ich mich glatt verhaften lassen.

Ich will nicht irgendein anderes »normales« Leben führen, sondern einfach meins! Und ich habe mir felsenfest vorgenommen: Ich lasse mir nicht mehr einreden, was ich in welchem Alter zu tun oder zu lassen habe. Was passt oder was nicht zu mir und in mein Leben passt, werde ich selbst bestimmen. Es hat ganz schön lange gedauert, bis ich dazu den Mut hatte, und noch mal länger, um zu merken, dass alle Befürchtungen umsonst waren: Meist passiert nämlich überhaupt nichts Schlimmes, wenn wir uns trauen zu tun, was wir lieben.

Es braucht viele kleine Schritte, um erwachsen zu werden – selbst über fünfzig noch … Aber ich kann nur sagen: Lauft los! Denn dieses Gefühl von Freiheit ist wie eine Droge und hat absolutes Suchtpotenzial. Und wenn es manchen Leuten da draußen nicht gefällt, was ihr macht? Es ist egal, was die anderen denken! Wenn ich mit achtzig selbstbewusst, mit Charme und Überzeugung meinen Camouflage-Kapuzenpulli tragen möchte oder in abgeschnittenen Jeans mit meinem Rollator durch die Straßen schrubbe – so what!?

Als ich Ehemann zwei kennenlernte, trug ich ein asymmetrisch geschnittenes grelles Rosenkleid, mit dem ich auf jeder Bad-Taste-Party groß rausgekommen wäre. Und was ist passiert? Er hat sich trotzdem Hals über Kopf in mich verliebt. Ach, und Schmetterlinge im Bauch, sich verlieben, Flirten, Leidenschaft und Sex haben so wenig ein Verfallsdatum wie Zucker, Salz und Schnaps und gehören auf jeden Fall zu den Dingen, die man ewig genießen kann, es sei denn, eine Krankheit hindert einen daran. Auch wenn sich das Vorurteil, dass Alter und Sex nicht zusammenpassen, hartnäckig hält oder der ein oder andere die Augen verdreht bei diesem Gedanken. So wie die zwei jungen Männer in der S-Bahn gestern. Sie saßen mir gegenüber, tauschten sich über ihren Job in einer Redaktion aus, da sagte der eine von ihnen: »Ich habe da gestern einen Artikel über Sex in den Wechseljahren gelesen – echt krass.« Dabei guckte er so, als hätte ihm gerade jemand saure Gurke an Vanillepudding serviert.

Warum sollte ich ab einem gewissen Alter denn keinen Sex mehr haben? So nach dem Motto: »Komm, geliebter Georg, lassen wir es heute noch mal krachen, morgen wirst du fünfundsechzig, und dann ist für immer Schluss mit der Knutscherei.« Warum sollte es eine Altersgrenze für die Liebe geben? Für körperliche Nähe, Küsse, Sex? Gibt es denn ein festgeschriebenes Alter, in dem man aufhört, sich nach dem Duschen einzucremen, Schokolade zu essen, Geburtstag zu feiern, sich die Zähne zu putzen, zu atmen?

Fragen Sie mal die Mitarbeiter eines Seniorenheimes, was da los ist. Oder besser gleich meine Mutter: Neulich erzählte sie mir von der letzten Weihnachtsfeier in ihrer Seniorenresidenz. »Da singen alle mit zittriger Stimme ›O Tannenbaum‹, schielen zu mir rüber und denken: Die Frau Schmidt sitzt schon wieder mit fünf Verehrern am Tisch.«

Manchmal werde ich gefragt, ob ich noch mal heiraten würde. Wenn ich eins (endlich) begriffen habe: Es ist egal, was ich mir heute vorstelle, es wird sowieso alles ganz anders kommen.

Gerade wieder passiert. Ich habe immer getönt: »Eher werde ich für Germany's Next Topmodel nominiert, als dass mich im Supermarkt oder beim Gassigehen ein Mann anspricht.« Was soll ich sagen: Ich stand mit zwanzig Flaschen Mohrrübensaft (gilt laut meiner Kosmetikerin vermischt mit einem Esslöffel Tomatenmark und einem Tropfen Leinöl als *das* Mittel für ewige Jugend) bei Aldi an der Kasse, als es dann doch geschah.

»Das sieht ja nach einer sehr spannenden Party aus ...« Amüsiert betrachtete der große, smarte Mann in Shorts und Polohemd meinen Wageninhalt.

»Nein, keine Party, ich meine, das ist, das soll gut sein für die Gesundheit und das Aussehen und so ...«, stotterte ich.

Er zwinkerte mir zu. »Das sieht man doch glatt!«

Eine Woche später traf ich früh am Morgen den gleichen Mann mit zwei Hunden beim Elbspaziergang.

»Trinken Sie nur Möhrensaft, oder würden Sie vielleicht mit mir auf ein Glas Wein ausgehen?«

Ich freute mich über die überraschende Begegnung, begleitete ihn noch ein paar Meter mit meinem Hund, entschied mich dann aber doch gegen ein Date.

Zurück zur Heirat. Das gehört auch wieder zu diesen Plänen, die ich nicht mehr mache. Vielleicht heirate ich noch einmal, wenn mir eine große Liebe begegnet, vielleicht aber auch nicht. Vielleicht heiratet meine zweiundneunzigjährige Mutter noch vor mir zum dritten Mal. Sie erzählte mir gerade von einem Mann, den sie in der Reha kennengelernt hat – bislang ist alles noch rein platonisch, aber …

Ich bin sehr gespannt, wie es weitergeht mit meinem Leben, und ich schwöre hier und heute, dass ich es mir künftig nicht mehr schwer machen werde mit Gedanken darüber, wie es hätte sein sollen und wie es heute ist. Aber dennoch wünschte ich, ich hätte früher erkannt, was gut für mich ist, und den Mut gehabt, Dinge, die nicht gut für mich waren, rechtzeitig zu beenden. Wünschte, ich wäre aufgebrochen und hätte angefangen mit Neuem, was mir guttut, und wäre dabei mehr meinem Herzen gefolgt. Richtig ist doch, was sich richtig anfühlt. Ob Kinder, Umzug, neuer Job, Liebe – alles Quatsch mit den ganzen Pro- und Kontra-Listen. Am Ende frisiert man die sowieso so lange, bis das Ergebnis zeigt, was der Bauch längst weiß.

Durch alles, was passiert ist, habe ich viel gelernt, mich entwickelt, mich deutlich besser kennengelernt. Posttraumatisches Wachstum nennt man so was. Ich klebe nicht mehr an unrealistischen (Männer-)Träumen. Statt meiner Kinderliebe Little Joe nachzuheulen, habe ich längst begriffen, dass ich das, was Cowboys für viele Frauen so begehrenswert macht, bei den Menschen in meinem Leben, bei Freundinnen, (Ex-)Freunden und bei mir selbst finde: Mut, Stärke, Verlässlichkeit und handwerkliches Geschick. Ich bin umgeben von wunderbaren Menschen. Dazu kommt inzwischen das Selbstvertrauen, dass ich mein Leben meistere. Ganz gut sogar, wie ich finde. Ich bin die Protagonistin in meinem ganz persönlichen Hollywood-Drama und behalte auf meiner Reise durchs Leben weiter den Fuß auf dem Gaspedal. Und wenn ich dabei aus der Spur fliege, habe ich gelernt, wie und mit wem ich da wieder heil herauskomme: With a little help of my friends …

Vielleicht begegnet mir eines Tages auch der Mann, der genau zu mir passt. Und wenn nicht? Dann melde ich mich mit achtzig beim Bauchtanz an, fahre zwei Jahre lang mit einem Containerschiff um die Welt, baue mit meinen Enkelkindern Iglus im finnischen Wald, laufe in meinen zerrissenen Jeansshorts am Ostseestrand entlang und lasse mir den Wind um die Nase wehen, feiere fröhliche Wein-Weiber-Wahrheit-Abende und lache mit meinen Freundinnen über den Wahnsinn des Lebens. Oder ich gebe Kurse im Glücklich-Sein oder mache etwas ganz anderes. Was weiß ich schon, was morgen passiert?

Ich weiß nur eines: Aufgeben gilt nicht! Solange ich atme, wird das Lieben, Lernen, Lachen, Wüten, Weinen weitergehen. Klar ist: Schluss ist erst, wenn der Sargdeckel zuklappt. Und mal ganz ehrlich, das ist ein ganz grandioser und wunderbarer Gedanke.

Auf der Broschüre von International Experience, der Austauschorganisation, mit der Juri ins Auslandssemester aufbrechen wird, stand: »Schiffe sind am sichersten im Hafen, aber dafür wurden sie nicht gebaut.«

Also hinaus auf den stürmischen Ozean. Jetzt in diesem Moment ist nämlich genau der richtige Zeitpunkt! Wofür? Mein Leben zu leben! Wenn das kein Grund ist, Vollgas zu geben.

Dank

Die Arbeit an diesem Buch war ein kleiner Marathon durch mein Leben und manchmal ganz schön emotional.

Alles Erzählte beruht auf wahren Begebenheiten. Ähnlichkeiten mit lebenden Personen sind deshalb durchaus beabsichtigt und unvermeidbar, alle Namen aber frei erfunden. Und wie das mit Erinnerungen manchmal so ist: Vielleicht ist es mir passiert, dass ich einer Freundin, einem Portal-Date oder Ex Worte in den Mund gelegt habe, die tatsächlich ein wenig anders gefallen sein könnten.

Was ich auch getan habe, um meinen Leserinnen eine langatmige Chronologie zu ersparen: mir die künstlerische Freiheit erlaubt, verschiedene Erlebnisse und sich wiederholende Erfahrungen mit mehreren Personen zusammenzufassen und auf wenige aufzuteilen.

Ich möchte mich an dieser Stelle bei allen Menschen bedanken, die mich bei meiner Arbeit und überhaupt in meinem oft stürmischen Leben unterstützen:

Anke Gasch, die mich wieder einmal als Freundin und Erstleserin begleitet hat: Deine professionelle Kritik, Inspiration, die sprühende Energie und gute Laune sind ein unschlagbarer Motivationscocktail. Du bist ein Segen für mich!

Meinem Agenten Lars Kossack: Ich hoffe, dass wir bei Pasta und Prosciutto noch viele Buchprojekte entwickeln. Ich liebe euren Italiener!

Meinem Verlag: Ich freue mich, auch dieses Buch wieder mit dem Blanvalet-Verlag realisiert zu haben: Wie schön, liebe Frau Rossa, dass ich Sie erneut begeistern konnte.

Meiner Lektorin Angela Kuepper: Die Zusammenarbeit war auch diesmal großartig. Deine Anmerkungen, Anregungen und Hinweise sind ein wertvoller Gewinn.

Kinder- und Jugendlichen-Psychotherapeutin Gundula Göbel: Sie haben sich sogar am Adventssonntag Zeit genommen für mich. Ich habe viel gelernt in unseren intensiven Gesprächen.

An meine Freundinnen: Danke für eure geduldigen Ohren und euren Beistand in allen Lebenslagen, eure Offenheit, den tabulosen Austausch, eure Freundschaft. Ich hoffe, wir werden später noch die Seniorenheime aufmischen mit unseren Wein-Weiber-Wahrheiten-Abenden. Und auf eure immer und immer wiederkehrende Frage: Ja! Ich glaube, dass man sogar auch auf Tinder einen vernünftigen Mann finden kann.

Eine Umarmung für meine Mutter: Du bist wirklich einzigartig und ein wunderbares Beispiel dafür, dass Jahre bestimmt kein Grund sind, sich ausbremsen zu lassen. Auch wenn ich manchmal schmunzele über all deine Weisheiten, ich glaube, du hast das echt drauf mit dem Älterwerden.

Ein dickes Leckerli für Carlo! Du bist ein braver Anstands-Wauwau und diskreter Begleiter. Es tut mir leid, dass das mit der alten Terrierhündin nix geworden ist, aber ich finde sowieso, dass du was Spritzigeres verdient hast.

Juri und Johann: Die Zeiten mit TK-Pizza und Nudelsauce aus dem Glas sind erst mal wieder vorbei. Ich habe jetzt wieder mehr Zeit zum Kochen. Ist das eigentlich eine gute oder schlechte Nachricht?

An Theo und Tom: Danke für diese großartigen Jungs.

Und an alle vier Söhne: Ihr seid der beste Beweis dafür, dass aus turbulenten Familienverhältnissen und vielen Fertiggerichten wunderbare Jungs werden können. Wir sind miteinander und aneinander gewachsen – ihr seid das Allergrößte in meinem Leben!

Zuletzt ein großes Dankeschön ganz nach oben dafür, dass ich heute da bin, wo ich bin: Es war ein ganz schön langer Weg von Hamburg bis München, aber er hat sich gelohnt.

Buchtipps und Links

Joachim Buse und Gundula Göbel: »Partnersuche im Internet für die zweite Lebenshälfte«, *München 2018.*

Nina Deißler: »Flirten. Wie wirke ich? Was kann ich sagen? Wie spiele ich meine Stärken aus?«, *Hannover 2016.*

Gundula Göbel: »Trost. Wie Kinder lernen, Traurigkeit zu überwinden«, *Weinheim 2015.*

Eva-Maria Zurhorst: »Liebe dich selbst und es ist egal, wen du heiratest«, *München 2004.*

Mein ganz spezieller Tipp für Single-Frauen:
Auf zum Matchmaking-Festival nach Irland!
Alle Infos: *www.matchmakerireland.com*

Und ja!
Flirten kann man lernen:
Alle Infos bei Date-Doktor und Flirtexpertin Nina Deißler:
www.kontaktvoll.de